Anonymous

Generalübersicht sämmtlicher Ortschaften des Königreichs Sachsen

nach Gerichtsamts-Bezirken geordnet

Anonymous

Generalübersicht sämmtlicher Ortschaften des Königreichs Sachsen
nach Gerichtsamts-Bezirken geordnet

ISBN/EAN: 9783743404533

Hergestellt in Europa, USA, Kanada, Australien, Japan

Cover: Foto ©ninafisch / pixelio.de

Anonymous

Generalübersicht sämmtlicher Ortschaften des Königreichs Sachsen

Generalübersicht

sämmtlicher

Ortschaften des Königreichs Sachsen

nach Gerichtsamts-Bezirken geordnet,

mit Angabe

ihrer Einwohner- und Häuserzahl am 3. December 1867

nebst

vergleichender Gegenüberstellung der entsprechenden Daten vom 3. December 1864.

Zusammengestellt

vom

Königlich Sächsischen statistischen Bureau.

Preis 7½ Ngr.

Dresden,
Druck und Commissionsverlag von C. Heinrich.
1868.

Regierungs-Bezirk Dresden.

I. Amtshauptmannschaft Dresden.

Ger.-Amt Dippoldiswalde.

Ortsnamen.	Zahl der bewohnten Hausgrundstücke 1864.	1867.	Bewohner 1864.	1867.
Dippoldiswalde	293	290	2925	2994
Bärenklause	12	12	113	123
Beerwalde	55	56	390	413
Berreuth	17	17	122	127
Börnchen	57	58	414	384
Borlas	57	59	472	452
Bröschen	8	9	54	46
Cunnersdorf	70	71	476	492
Elend	23	24	131	138
Gombsen	25	27	149	176
Großölsa	82	82	576	583
Hänichen	75	76	817	800
Hausdorf	39	39	315	300
Hermsdorf	30	30	189	185
Hirschbach	47	47	286	274
Höckendorf	114	117	1025	1072
Manesch	20	20	145	148
Kipsdorf	23	23	131	133
Kleba	8	7	72	71
Kleincarsdorf	33	32	362	356
Kreischa	132	131	1360	1353
Luchau	44	42	333	343
Lungwitz	65	64	589	571
Malter	24	25	134	138
Naundorf	32	32	226	236
Niederfrauendorf	38	38	239	224
Niedervöbel	31	30	231	206
Obercarsdorf	50	50	413	457
Obercunnersdorf	33	33	295	277
Oberfrauendorf	43	43	284	290
Oberhäßlich	34	35	216	217
Paulsdorf	23	22	133	137
Paulshain	9	9	69	67
Possendorf	116	121	1181	1221
Quohren	51	54	409	452
Reichstädt (Tö. u. Nied.)	150	154	1182	1164

G.-A. Dippoldiswalde. (Fortsetzung.)

Ortsnamen.	1864.	1867.	1864.	1867.
Reinberg	15	15	64	71
Reinhardtsgrimma	122	126	889	879
Reinholdshain	54	54	387	412
Ruppendorf	87	90	714	705
Sadisdorf	67	67	484	476
Saida	12	12	83	83
Schlottwitz	16	17	100	120
Schmiedeberg	68	70	503	525
Seifen	11	11	67	59
Seifersdorf	90	90	709	692
Spechtritz	28	28	196	182
Theisewitz	9	9	94	90
Ulberndorf	42	43	288	281
Wendischcarsdorf	10	42	344	357
Wilmsdorf	65	65	660	663
Wittgensdorf	17	16	108	120
Zschiedwitz	2	2	27	23
Sa.	2708	2736	22207	22358

Ger.-Amt Döhlen.

Ortsnamen.	1864.	1867.	1864.	1867.
Birkigt	25	25	316	332
Deuben	203	212	3687	3972
Döhlen	102	105	1691	1811
Gitterfee	55	56	705	698
Großburgk	113	114	1185	1160
Kleinburgk	25	26	232	298
Kleinnaundorf	51	56	732	832
Kohlsdorf	7	7	170	163
Neuburgk	11	11	150	157
Niederherrnsdorf	67	67	920	984
Niederhäßlich	86	86	1213	1246
Niederpesterwitz	50	51	908	915
Oberpesterwitz	59	60	859	834
Potschappel	143	153	2672	2770
Saalhausen	20	20	275	290
Schweinsdorf	19	18	220	209

Regierungs-Bezirk Dresden. (Fortsetzung.)
I. Amtshauptmannschaft Dresden. (Fortsetzung.)

Ortsnamen.	bewohnten Hausgrundstücke 1864.	1867.	Bewohner 1864.	1867.	Ortsnamen.	bewohnten Hausgrundstücke 1864.	1867.	Bewohner 1864.	1867.
G.-A. Köhlen. (Fortsetzung.)					**G.-A. Dresden. (Fortsetzung.)**				
Unterweißig	48	48	798	739	Laubegast	105	103	1113	1014
Weißig	32	32	298	314	Leuben	35	38	317	312
Burgwitz	33	33	308	323	Leubnitz	52	53	584	602
Zaucherode	78	79	1124	1205	Leuteritz	21	20	139	140
Zschiedge	26	26	353	359	Leutewitz	17	19	194	139
					Lockwitz	131	130	1451	1461
Sa.	1256	1285	18846	19611	Löbtau	45	73	768	1758
					Loschwitz	346	366	2497	2529
Ger.-Amt Dresden.					Merbitz	13	13	109	109
					Mickten	31	35	276	318
Dresden	4902	5166	145728	156024	Mobschatz	18	18	158	154
Altfranken	22	23	406	335	Mockritz	18	18	227	228
Babisnau	5	5	41	48	Naundorf	82	82	515	491
Bannewitz	27	28	337	351	Naußlitz	20	20	224	183
Blasewitz	89	99	889	985	Neunimptsch	23	23	393	400
Boderitz	14	14	136	131	Neuostra	15	15	170	186
Briesnitz	37	40	362	391	Nickern	56	57	448	441
Burgstädtel	6	7	67	80	Niedergohlis	24	25	199	210
Coschütz	85	89	1451	1450	Niedergorbitz	136	145	1864	1899
Coßebaude	85	89	621	636	Niederlößnitz	146	153	815	929
Cotta	61	67	805	789	Niedersedlitz	39	37	285	305
Gunnersdorf	30	31	350	364	Nöthnitz	23	23	332	308
Dölzschen	30	31	332	288	Obergohlis	15	16	146	142
Eutschütz	17	17	193	196	Obergorbitz	18	17	260	176
Fürstenhain	24	23	268	258	Oberlößnitz	89	90	660	651
Gaustritz	6	6	67	70	Oberwartha	16	17	123	127
Golberode	18	18	176	184	Oderwitz	9	10	124	110
Gompitz	7	8	96	71	Omsewitz	10	10	130	96
Goppeln	19	19	185	163	Pennrich	16	17	181	150
Gostritz	20	20	119	150	Pieschen	94	98	1315	1425
Großdobritz	28	28	225	228	Plauen	69	74	1116	1220
Gruna	37	39	399	395	Podemus	18	17	145	145
Kaditz	17	45	341	356	Prabschütz	17	18	119	117
Kaitz	34	34	373	377	Prohlis	14	15	143	163
Kauscha	8	8	109	109	Radebeul	87	92	578	607
Kemnitz	12	12	127	114	Räcknitz	9	10	158	182
Kleindobritz	5	6	28	40	Reick	31	32	301	294
Kleinpestitz	4	4	68	63	Rennersdorf	10	10	90	94
Klotzsche	88	93	539	625	Rippien	69	71	662	684
Köpschenbroda	184	196	1128	1551	Rosenitz	8	7	83	81

Ortsnamen.	Zahl der bewohnten Hausgrundstücke 1864. 1867.		Bewohner 1864. 1867.		Ortsnamen.	Zahl der bewohnten Hausgrundstücke 1864. 1867.		Bewohner 1864. 1867.	

Regierungs-Bezirk Dresden. (Fortsetzung.)
I. Amtshauptmannschaft Dresden. (Fortsetzung.)

G.-A. Dresden. (Fortsetzung.)

Ortsnamen	1864	1867	1864	1867
Roßthal	19	16	288	183
Seidnitz	37	37	339	310
Serkowitz	71	81	482	567
Sobrigau	17	17	170	167
Stetzsch	22	23	181	167
Strehlen	72	79	811	933
Striesen	93	116	891	1394
Tolkewitz	28	27	191	210
Torna	9	9	74	57
Trachau	62	64	475	496
Trachenberge	31	31	257	225
Uebigau	33	34	333	328
Wachwitz	99	99	649	667
Weißer Hirsch	46	49	313	315
Welschhufe	39	42	374	423
Wilder Mann	2	2	35	37
Wilschdorf	71	72	434	454
Wölfnitz	8	8	100	87
Zitzschewig	127	130	785	806
Zöllmen	10	9	69	74
Zschertnitz	10	11	79	110
Sa.	**8849**	**9308**	**18305**	**19546**

Ger.-Amt Moritzburg.

Ortsnamen	1864	1867	1864	1867
Bärnsdorf	58	59	381	374
Boxdorf	54	56	325	352
Buchholz	4	5	27	27
Coswig	74	76	525	500
Cunnertswalde	5	5	45	42
Tippelsdorf	37	37	210	194
Eisenberg	119	124	964	1021
Kötitz	41	40	255	262
Lindenau	42	43	229	250
Marsdorf	44	44	290	296
Moritzburg	19	19	151	127
Neucoswig	42	42	235	210
Neuer Anbau	10	11	73	70
Rähnitz	62	69	397	385

G.-A. Moritzburg. (Fortsetzung.)

Ortsnamen	1864	1867	1864	1867
Reichenberg	120	125	772	759
Steinbach	53	54	338	349
Volkersdorf	58	59	362	371
Wahnsdorf	61	63	364	386
Sa.	**903**	**931**	**5946**	**5975**

Ger.-Amt Radeberg.

Ortsnamen	1864	1867	1864	1867
Radeberg	324	340	3372	3846
Arnsdorf	95	94	654	684
Cunnersdorf	33	33	200	215
Dienstdorf	8	8	66	67
Friedersdorf	46	46	282	281
Gomlitz	32	34	196	199
Großerkmannsdorf	105	106	577	612
Großokrilla	39	42	222	252
Grünberg	23	22	173	169
Hermsdorf	53	55	361	388
Kleinerkmannsdorf	18	18	97	102
Kleinokrilla	16	16	82	90
Kleinröhrsdorf	68	69	393	389
Kleinwolmsdorf	92	94	563	564
Langebrück	137	141	870	913
Lausa	50	52	318	342
Leppersdorf	115	117	713	747
Liegau	40	43	264	260
Lomnitz	131	132	737	757
Loßdorf	62	63	436	435
Moritzdorf	18	18	122	184
Ottendorf	101	102	664	693
Schönborn	58	58	357	355
Seifersdorf	101	105	651	670
Ullersdorf	51	54	323	323
Wachau	113	145	856	881
Wallroda	73	73	462	483
Weixdorf	49	51	373	356
Sa.	**2087**	**2131**	**14113**	**15257**

Ortsnamen.	Zahl der bewohnten Hausgrundstücke		Bewohner		Ortsnamen.	Zahl der bewohnten Hausgrundstücke		Bewohner	
	1864.	1867.	1864.	1867.		1864.	1867.	1864.	1867.

Regierungs-Bezirk Dresden. (Fortsetzung.)
I. Amtshauptmannschaft Dresden. (Fortsetzung.)

Ger.-Amt Radeburg.					G.-A. Schönfeld. (Fortsetzung.)				
Radeburg	282	284	2485	2623	Hosterwitz	53	58	353	380
Bärwalde	54	56	329	330	Krieschendorf	29	30	169	162
Beiersdorf	29	30	184	196	Malschendorf	30	31	190	182
Berbisdorf	99	103	639	613	Niederpoyritz	65	66	385	360
Boden	27	27	144	144	Oberpoyritz	20	20	136	185
Cunnersdorf	33	32	182	185	Pappritz	40	41	211	222
Cobra	69	70	375	363	Pillnitz	65	64	592	544
Ermendorf	12	13	92	99	Porsberg	24	23	143	146
Kreitelsdorf	44	46	252	268	Reitzendorf	50	53	292	310
Großdittmannsdorf	77	77	474	465	Rochwitz	48	50	284	301
Kleinnaundorf	33	33	167	167	Rockau	25	24	119	122
Lauterbach	6	6	89	87	Rosinendörfchen	6	6	26	25
Lötzschen	22	23	134	146	Rossendorf	6	6	39	44
Marschau	3	3	17	18	Schönfeld	78	80	544	565
Medingen	93	97	583	590	Schullwitz	73	74	434	438
Raunhof	65	66	413	465	Söbrigen	42	42	304	298
Niedereberbach	52	52	309	318	Weißig	110	147	988	1022
Niederröden	69	68	478	439	Wünschendorf	53	54	303	312
Obereberbach	130	133	788	813	Zaschendorf	33	37	174	203
Oberröden	20	21	125	140	Sa.	1206	1237	7788	7867
Sacka	64	64	335	357					
Stölpchen	20	20	117	120	Ger.-Amt Wilsdruff.				
Tauscha	65	66	386	390	Wilsdruff	266	264	2183	2435
Welzande	25	26	140	152	Alttanneberg	39	39	320	324
Würschnitz	28	29	169	167	Birkenhain	23	23	183	178
Zschorna	2	2	78	90	Blankenstein	51	55	426	445
Sa.	1423	1447	9514	9735	Burkhardtswalde	34	34	269	266
					Groitzsch	38	38	277	302
Ger.-Amt Schönfeld.					Grumbach	156	158	1324	1300
Bonnewitz	38	39	202	183	Helbigsdorf	50	50	386	398
Bühlau	119	124	805	830	Herzogswalde	107	108	805	779
Cunnersdorf	29	29	166	169	Kühndorf	15	15	156	148
Eichbusch	15	15	82	92	Kaufbach	50	51	402	382
Eschdorf	98	97	650	619	Kesselsdorf	53	54	663	615
Mönnsdorf	12	12	71	73	Kleinschönberg	29	28	221	231
Helfenberger Grund	15	15	122	130	Klipphausen	57	58	369	388
					Lampersdorf	19	18	153	139
					Limbach	28	28	276	276

Ortsnamen.	Zahl der bewohnten Hausgrundstücke		Bewohner		Ortsnamen.	Zahl der bewohnten Hausgrundstücke		Bewohner	
	1864.	1867.	1864.	1867.		1864.	1867.	1864.	1867.

Regierungs-Bezirk Dresden. (Fortsetzung.)
I. Amtshauptmannschaft Dresden. (Fortsetzung.)

Ortsnamen	1864	1867	1864	1867	Ortsnamen	1864	1867	1864	1867
G.-A. Wilsdruff. (Fortsetzung.)					**G.-A. Wilsdruff. (Fortsetzung.)**				
Mogen	13	13	74	70	Schmiedewalde	31	31	227	235
Munzig	42	42	302	366	Sora	24	23	202	201
Neukirchen	128	127	965	969	Steinbach bei Kesselsdorf	16	16	115	115
Neutanneberg	30	31	176	170					
Niederwartha	14	14	105	105	Steinbach bei Mohorn	31	29	207	197
Perne	7	8	42	54					
Röhrsdorf	76	77	545	559	Untersdorf	25	25	219	223
Roitsch	7	6	56	51	Weistropp	48	45	367	359
Rothschönberg	49	49	106	475	Wildberg	24	26	182	192
Sachsdorf	35	35	258	288	Sa.	1615	1618	13159	13235

II. Amtshauptmannschaft Meißen.

Ortsnamen	1864	1867	1864	1867	Ortsnamen	1864	1867	1864	1867
Ger.-Amt Großenhain.					**G.-A. Großenhain. (Fortsetzung.)**				
Großenhain	725	743	9122	9949	Meißlitz	19	19	135	132
Adelsdorf	26	28	197	222	Göhra	23	23	150	138
Altleis	22	24	160	167	Görzig	41	42	262	247
Paßlitz bei Blatterleben	8	8	79	79	Gohrisch	7	7	53	47
Paßlitz b. Weißlitz	23	22	169	157	Golpscha	37	39	209	207
Bauda	70	70	475	481	Grödiz (Torf)	35	39	254	297
Bieberach	38	40	227	222	Grödiz (Eisenb.)	13	13	153	154
Blatterleben	30	31	188	172	Großraschütz	37	39	336	286
Blochwitz	34	34	235	244	Haidehäuser	6	6	31	31
Böhla bei Lenz	23	22	167	176	Hohndorf	8	8	70	67
Böhla bei Ortrand	42	42	236	243	Kalkreuth	39	39	278	303
Brockwitz	25	25	156	149	Kleinraschütz	26	28	194	200
Brösnitz	18	18	119	125	Kleinthiemig	28	29	182	182
Colmnitz	44	45	256	236	Kleintrebnitz	5	5	26	34
Daßwitz	10	9	96	86	Kmehlen	32	33	212	217
Diesbar	28	27	147	157	Kollwitz	1	2	19	20
Döbrischen	9	9	60	58	Koselitz	51	53	368	344
Dschütz	14	13	86	91	Kottewitz	12	11	83	92
Kolbern	61	63	401	410	Krauschütz	18	19	101	126
Frauenhain	112	114	816	802	Kraußnitz	20	20	117	111
Gävernitz	24	26	179	204	Lampertswalde	43	44	253	274
					Laubach	17	17	110	114
					Leckwitz	28	29	191	201
					Lenz	30	31	206	207

Regierungs-Bezirk Dresden. (Fortsetzung.)

II. Amtshauptmannschaft Meißen. (Fortsetzung.)

Ortsnamen	Zahl der bewohnten Hausgrundstücke 1864.	1867.	Bewohner 1864.	1867.	Ortsnamen	Zahl der bewohnten Hausgrundstücke 1864.	1867.	Bewohner 1864.	1867.
G.-A. Großenhain. (Fortsetzung.)					**G.-A. Großenhain.** (Fortsetzung.)				
Lichtensee	66	67	409	403	Spansberg	52	53	299	310
Liega	21	20	150	143	Stauda	17	18	142	133
Linz	40	39	304	307	Strauch	42	42	263	246
Marksieblitz	9	9	57	48	Streumen	31	31	252	241
Medessen	23	23	152	138	Striesen	27	28	188	194
Merschwitz	78	81	539	518	Thiendorf	41	40	257	252
Mühlbach	12	13	71	75	Tiefenau	16	17	176	193
Mülbitz	31	32	230	249	Treugeböhla	51	51	322	300
Nasseböhla	19	20	113	118	Uebigau	24	25	159	157
Nauleis	18	21	152	151	Walda	40	43	277	294
Naundörfchen	9	9	100	79	Wantewitz	4	4	42	35
Naundorf bei Großenhain	94	94	732	713	Weißig am Raschütz	43	43	244	249
Naundorf bei Ortrand	31	31	188	187	Weißig bei Elaffa	37	37	217	226
Nauwalde	58	61	356	355	Wegnitz	32	33	201	206
Neuseußlitz	42	44	268	240	Wildenhain	85	87	534	520
Niegerode	22	21	147	136	Wistauba	2	2	11	10
Nießa	40	41	212	206	Wülknitz	35	36	259	238
Oelsnitz	44	45	279	293	Zabeltitz	96	98	647	648
Peritz	49	49	296	307	Zottewitz	35	32	232	226
Pistowitz	3	3	36	34	Zschauitz	20	19	163	164
Ponickau	65	68	413	424	Zschieschen	30	36	237	337
Borschütz	11	11	101	103	Sa.	1064	1148	31750	32608
Priestewitz	44	45	401	414					
Pulsen	19	21	134	136	**Ger.-Amt Lommatzsch.**				
Querfa	50	50	329	352					
Raben	36	35	234	219	Lommatzsch	321	323	3027	2953
Rabewitz	3	3	20	18	Albertitz	3	3	28	34
Reinersdorf	18	50	313	325	Altlommatzsch	17	17	127	130
Reppis	29	29	187	193	Altsattel	7	6	58	57
Roda	36	36	193	199	Arntitz	4	4	41	41
Rostig	25	25	155	152	Baderfen	13	13	113	93
Schönborn	31	32	222	228	Beicha	20	20	159	148
Schönfeld	74	76	502	542	Bernitz	8	8	85	84
Schweinfurth	18	18	112	110	Birmenitz	12	12	89	93
Seußlitz	64	63	430	439	Bornitz	5	5	46	43
Stäßchen	32	32	182	177	Churschütz	23	24	173	194
Elassa	27	27	217	205	Daubnitz	35	35	243	215
Claup	21	21	130	122	Tennschütz	2	2	25	28

Ortsnamen.	Zahl der bewohnten Hausgrundstücke 1864.	1867.	Bewohner 1864.	1867.	Ortsnamen.	Zahl der bewohnten Hausgrundstücke 1864.	1867.	Bewohner 1864.	1867.

Regierungs-Bezirk Dresden. (Fortsetzung.)
II. Amtshauptmannschaft Meißen. (Fortsetzung.)

G.-A. Lommatzsch. (Fortsetzung.) — **G.-A. Lommatzsch. (Fortsetzung.)**

Ortsnamen	1864	1867	1864	1867	Ortsnamen	1864	1867	1864	1867
Tobernitz	18	19	142	148	Naßlitz	8	8	78	77
Dobschütz	2	3	25	30	Raube	2	2	33	31
Dörschnitz	32	31	231	217	Roitzsch	27	27	172	183
Döschütz	13	13	116	105	Scheerau	18	18	160	146
Domselwitz	20	20	204	197	Schleinitz	41	42	296	271
Eulitz	23	23	170	164	Schweimnitz	12	12	90	91
Gleina	14	14	119	125	Schwochau	11	11	98	103
Göbelitz	1	1	15	14	Sieglitz	7	7	85	89
Graupzig	38	37	301	292	Steubten	6	6	55	56
Grauswitz	2	2	31	31	Striegnitz	19	19	133	126
Großwölkischalberitz	2	2	10	9	Treben	8	8	78	78
Ibanitz	8	8	71	79	Trogen	11	11	93	93
Jessen	10	9	86	78	Wachtnitz	14	14	107	111
Ketzergasse	19	19	129	141	Wahnitz	19	19	140	148
Klappendorf	8	8	67	59	Wauben	12	12	104	121
Krepta	24	24	172	169	Weißschenhain	7	7	66	71
Lautzschen	15	15	141	137	Wilschwitz	6	6	67	58
Leuben	59	62	524	522	Wuhnitz	18	17	125	107
Löbschütz	3	3	38	33	Zothain	27	28	192	181
Lossen	24	24	185	180	Zscheilitz	19	19	134	138
Marschütz	12	11	79	63	Zschochau	63	61	540	536
Meila	18	18	101	93	Za.	1463	1465	12244	12017
Wertitz	11	11	75	84					
Messa	21	21	232	218	**Ger.-Amt Meißen.**				
Mettelwitz	13	12	104	93					
Mögen	9	9	78	83	Meißen	661	651	10363	11263
Redanitz	15	15	112	112	Althirschstein	31	31	186	197
Rellanitz	23	23	176	175	Bahra	43	43	274	274
Neugraupzig	11	11	67	70	Barnitz	18	19	134	134
Niederstaucha	48	47	362	386	Basdorf	14	14	86	88
Oberstaucha	44	45	382	362	Bergwerk	27	27	196	215
Palzschen	18	19	136	145	Bockwen	22	22	163	167
Petzschwitz	7	7	57	51	Böhla	3	3	42	39
Pirschütz	2	2	24	28	Bohnitzsch	27	27	191	211
Poititz	7	7	55	50	Boritz	41	41	287	291
Praterschütz	13	13	108	100	Brockwitz	90	93	550	572
Pröda	9	9	81	75	Canitz	4	4	33	33
Profitz b.Schieritz	16	16	119	119	Clieben	12	13	77	76
Profitz b.Staucha	6	6	53	47	Cölln	51	52	601	617

Regierungs-Bezirk Dresden. (Fortsetzung.)
II. Amtshauptmannschaft Meißen. (Fortsetzung.)

Ortsnamen.	Zahl der bewohnten Hausgrundstücke 1864.	1867.	Bewohner 1864.	1867.	Ortsnamen.	Zahl der bewohnten Hausgrundstücke 1864.	1867.	Bewohner 1864.	1867.
G.-A. Meißen. (Fortsetzung.)					*G.-A. Meißen. (Fortsetzung.)*				
Constappel	33	34	257	249	Löbsal	10	10	59	56
Ceila	14	14	102	108	Löbschütz	10	10	82	86
Ciera	54	54	402	389	Lösten	4	4	30	20
Dobritz	13	12	164	150	Lothain	27	28	229	242
Fischergasse	26	26	495	483	Luga	11	11	86	107
Garsebach	23	25	184	253	Mauna	11	11	106	108
Gasern	10	11	105	123	Mehren	8	8	68	64
Gauernitz	53	53	461	444	Meschwitz	4	4	31	33
Göhrisch	3	3	44	39	Miltitz	65	65	395	456
Görna	15	15	129	120	Mischwitz	3	3	38	37
Görtitz	12	12	96	91	Mohlis	20	20	142	156
Gohlis	8	9	51	62	Naundörfel	19	19	120	132
Goll	28	28	136	142	Naundorf	38	40	258	244
Gräbern	43	45	303	313	Naustadt	43	43	328	330
Großbobritz	69	72	433	435	Nendörschen	13	13	50	54
Großlagen	13	13	119	106	Nenhirschstein	32	32	176	157
Gruben	75	75	584	603	Neuwunschwitz	7	7	45	45
Hartha	3	3	26	28	Nieberau	74	75	559	532
Heinitz	37	37	253	243	Niederfähre	51	52	516	575
Hintermauer	28	29	307	399	Niederjahna	22	22	142	164
Hirschstein	4	4	47	56	Niederlommatzsch	45	45	254	254
Idowitz	10	10	72	65	Niedermeisa	19	19	294	301
Jessen	37	38	231	232	Niedermunschwitz	34	35	215	222
Jefferitz	7	7	58	52	Niederspaar	27	29	177	210
Käbschütz	7	7	43	44	Niederstößwitz	7	7	49	50
Kaistz	8	8	67	73	Rieschütz	32	34	204	192
Kaschka	2	2	18	16	Nimtitz	14	14	87	84
Keilbusch	19	19	97	88	Rötge	21	24	171	159
Kettewitz	12	11	109	118	Oberau	48	49	345	339
Kleinlagen	11	11	87	79	Oberjahna	6	6	59	57
Kleinprausitz	6	6	41	40	Oberlommatzsch	16	16	89	86
Klosterhäuser	11	11	98	98	Obermeisa	32	33	163	431
Kobitzsch	3	3	27	29	Obermunschke	12	12	84	99
Korbitz	18	18	174	178	Oberpaar	76	74	397	433
Kottewitz	40	40	256	280	Odrilla	37	39	264	265
Krögis	44	46	363	399	Panschütz	3	3	26	22
Leipen	13	13	99	98	Pegenau	10	10	78	74
Lercha	25	25	200	224	Pintowitz	7	6	62	58
Leutewitz	25	25	211	197	Pinnewitz	45	45	309	307
Limbigt	2	2	22	22					

Regierungs-Bezirk Dresden. (Fortsetzung.)

II. Amtshauptmannschaft Meißen. (Fortsetzung.)

G.-A. Meißen. (Fortsetzung.)

Ortsnamen.	Zahl der bewohnten Hausgrundstücke 1864.	1867.	Bewohner 1864.	1867.
Pistowitz bei Taubenheim	15	14	106	120
Pistowitz bei Zehren	15	15	122	113
Planitz	20	19	178	153
Polenz (Nieder- und Ober-)	29	29	196	195
Porschnitz	9	9	51	53
Priesa	6	6	71	64
Proda	9	9	96	95
Proschwitz	14	14	109	114
Questenberg	17	17	179	226
Reichenbach	9	9	78	79
Reppina	16	16	100	128
Reppnitz	10	10	66	53
Riemsdorf	9	9	89	94
Robschütz	41	39	289	418
Roitzschen	11	11	89	129
Rottewitz	11	11	81	74
Schänitz bei Krögis	4	4	43	42
Schänitz b. Riesa	16	16	100	103
Scharfenberg	2	2	10	17
Schieritz	36	36	296	278
Schletta	12	12	112	118
Schönnewitz	10	10	68	60
Seebschütz	7	7	73	70
Seerligstadt	37	37	308	320
Seilitz	9	7	85	82
Semmelsberg	39	41	259	404
Siebeneichen	1	1	44	45
Sieglitz	9	9	77	88
Sönitz	4	4	49	52
Sörnewitz	65	62	365	383
Soppen	14	14	114	116
Sornitz	17	17	116	112
Spittewitz	3	3	24	22
Stroischen	5	5	57	54
Taubenheim	79	79	607	595
Tronitz	5	6	57	62
Ullendorf	23	24	197	177
Vorbrücke	43	45	638	574
Weinböhla	210	214	1366	1404
Weitzschen	12	12	82	92
Windorf	2	2	20	21
Winkwitz	24	24	144	153
Wölksch	45	46	291	279
Wuhsen	6	6	47	49
Zunichwitz	21	21	141	152
Zadel	87	87	537	531
Zaschendorf	38	38	233	219
Zehren	61	62	479	463
Ziegenhain	31	32	236	229
Zscheila	15	16	134	156
Sa.	**4107**	**4131**	**36435**	**38235**

Ger.-Amt Nossen.

Ortsnamen.	1864.	1867.	1864.	1867.
Nossen	227	228	2646	2819
Siebenlehn	180	183	1811	1876
Abend	13	13	74	84
Altzchoren	18	18	114	123
Augustusberg	67	68	491	595
Bieberstein	59	58	506	519
Bodenbach	30	29	202	216
Breitenbach	40	41	324	300
Burkersdorf	46	47	384	379
Deutschenbora	56	57	359	407
Dittmannsdorf	106	107	839	858
Trebfeld	9	10	44	47
Elgersdorf	8	8	60	69
Gallschütz	8	8	50	45
Golpscha	18	18	106	106
Gohla	14	14	90	80
Gotthelf-Friedrichsgrund	23	23	146	160
Großvoigtsberg	145	145	1110	1141
Gruna	26	25	168	174
Hirschfeld	88	87	707	723

Regierungs-Bezirk Dresden. (Fortsetzung.)
II. Amtshauptmannschaft Meißen. (Fortsetzung.)

Ortsnamen.	Zahl der bewohnten Hausgrundstücke 1864.	1867.	Bewohner 1864.	1867.	Ortsnamen.	Zahl der bewohnten Hausgrundstücke 1864.	1867.	Bewohner 1864.	1867.
G.-A. Rossen. (Fortsetzung.)					**G.-A. Rossen. (Fortsetzung.)**				
Höschen	19	19	142	139	Wolfsgrün	11	11	73	85
Hohentanne	67	67	503	490	Wollau	39	40	232	232
Altendorf	51	51	355	357	Zella	14	14	181	260
Altendorfer					Zetta	16	16	112	116
Lehden	4	3	19	15	*Sa.*	2563	2575	20489	21110
Karcha	25	25	171	156					
Katzenberg	14	14	96	90					
Kleinvoigtsberg	52	53	409	431	**Ger.-Amt Riesa.**				
Klessig	33	33	217	214					
Kreißa	18	18	143	139	Riesa	391	405	4888	5353
Leschen	23	23	148	126	Bloßwitz	34	34	214	262
Lüttewitz	26	26	192	185	Boberjen	71	73	539	548
Mahlitzsch	18	19	151	167	Böhlen	10	11	56	53
Maltiz	12	12	82	83	Forberge	6	5	55	56
Marktitz	18	18	143	145	Glaubitz	84	86	559	540
Mergenthal	20	20	113	126	Gostewitz	12	12	70	66
Mutzschwitz	20	20	150	141	Gröba	94	99	911	973
Neuchören	15	15	98	104	Gröbel	30	30	282	283
Niedereula	43	43	343	366	Groptitz	16	17	98	98
Niedertoppschädel	28	28	172	171	Grubnitz	26	26	205	191
Roßlitz	17	17	116	112	Heida	53	53	343	341
Obereula	32	32	200	264	Jahnishaufen	16	14	162	167
Obergruna	112	114	1045	1032	Kalbitz	9	9	71	71
Oberstößwitz	27	27	193	179	Robeln	31	34	201	199
Obertoppschädel	9	9	65	70	Langenberg	48	48	357	375
Petersberg	24	24	145	153	Lessa	3	2	29	23
Priesen	15	16	85	85	Leutewitz	21	21	187	185
Radewitz	6	6	47	51	Mautitz	33	35	221	225
Raußlitz	42	40	291	291	Mehltheuer	68	68	441	437
Reichenbach	129	130	931	941	Mergendorf	17	16	133	127
Reineberg (Ober- und Nieder-)	111	113	914	908	Merzdorf	29	28	242	241
					Moritz	8	10	70	83
Rhäsa	31	30	223	235	Nickritz	40	40	284	284
Rüsseina	35	35	293	271	Nünchritz	140	147	956	1010
Saultitz	24	23	166	164	Oberreußen	5	5	28	24
Schrebitz	18	18	118	130	Oelsitz	35	35	233	238
Stahna	12	12	97	95	Pahrenz	35	35	241	241
Starbach	63	63	386	399	Panitz	11	11	67	65
Weudischbora	46	48	350	375	Paußitz	32	32	231	233
Wetterwitz	43	43	285	296	Plotitz	40	42	266	215

Regierungs-Bezirk Dresden. (Fortsetzung.)
II. Amtshauptmannschaft Meißen. (Fortsetzung.)

Ortsnamen.	Zahl der bewohnten Hausgrundstücke 1864.	1867.	Bewohner 1864.	1867.	Ortsnamen.	Zahl der bewohnten Hausgrundstücke 1864.	1867.	Bewohner 1864.	1867.
G.-A. Riesa. (Fortsetzung.)					**G.-A. Riesa. (Fortsetzung.)**				
Pochra	36	37	273	271	Seerhausen	58	58	405	402
Poppitz	37	39	261	273	Stösitz	12	11	102	106
Prausitz	36	36	282	271	Weida	53	53	401	393
Promnitz	11	14	118	127	Zeithain	96	95	739	723
Radewitz	32	32	207	209	Zschaiten	41	41	256	270
Ragewitz	24	24	197	182	**Sa.**	**1968**	**2006**	**16566**	**17108**
Röderau	37	39	388	398					
Sageritz	44	44	277	286					

III. Amtshauptmannschaft Pirna.

Ortsnamen.	1864.	1867.	1864.	1867.	Ortsnamen.	1864.	1867.	1864.	1867.
Ger.-Amt Gottleuba.					**G.-A. Königstein. (Fortsetzung.)**				
Berggießhübel	116	119	979	1007	Gohrisch	29	33	206	212
Gottleuba	111	107	809	812	Hermsdorf	45	44	339	334
Bahra	45	45	316	314	Hütten	35	37	415	418
Bienhof	4	4	31	32	Kleinhennersdorf	53	54	424	445
Fichte	1	1	14	8	Königstein (Festung)	14	14	377	385
Giesenstein	5	6	61	56	Langenhennersdorf	98	100	792	834
Göppersdorf	32	33	257	271	Leupoldishain	20	21	147	165
Hartmannsbach	39	39	262	263	Neidberg	2	2	22	24
Haselberg	3	3	33	33	Nikolsdorf	9	9	68	55
Hellendorf	50	53	340	362	Papstdorf	67	68	495	519
Kleppisch	3	3	25	32	Pfaffendorf	41	43	299	310
Markersbach	65	65	433	449	Rathen links der Elbe	16	17	117	117
Niedergersdorf	45	47	369	385	Rathen rechts der Elbe	30	32	290	274
Obergersdorf	21	21	151	140	Raum	23	22	100	116
Oelsen	53	53	367	351	Reichstein	60	60	394	402
Wingendorf	13	13	105	98	Rosenthal	132	133	1039	1057
Sa.	**606**	**612**	**4552**	**4613**	Strand	11	11	79	77
Ger.-Amt Königstein.					Thürmsdorf	59	62	464	471
Königstein	238	251	2919	3155	Weißig	22	21	167	156
Brausenstein	14	14	81	81	**Sa.**	**1097**	**1129**	**9930**	**10315**
Cunnersdorf	79	81	693	718					

Regierungs-Bezirk Dresden. (Fortsetzung.)
III. Amtshauptmannschaft Pirna. (Fortsetzung.)

Ortsnamen.	bewohnten Hausgrundstücke 1864.	1867.	Bewohner 1864.	1867.

Ger.-Amt Lauenstein.

Ortsnamen.	1864.	1867.	1864.	1867.
Bärenstein	68	68	575	551
Glashütte	153	154	1529	1573
Lauenstein	106	107	821	819
Bärenstein	71	73	479	511
Berthelsdorf	18	18	137	137
Börnchen	33	33	194	196
Börnersdorf	48	48	421	416
Breitenau	49	49	327	346
Dittersdorf	83	85	582	598
Döbra	49	49	385	373
Fürstenau	82	84	480	481
Fürstenwalde	74	74	492	490
Gleisberg	1	1	16	12
Gottgetreu	13	13	61	66
Hennersbach	19	19	130	120
Johnsbach	94	94	717	720
Kraphammer	9	9	44	44
Liebenau	93	96	648	655
Löwenhain	58	58	347	365
Müglitz	7	6	40	38
Neudörfel	12	12	65	66
Oelsengrund	10	11	65	69
Rudolphsdorf	10	10	61	57
Rückenhain	13	13	58	58
Unterlöwenhain	5	5	33	29
Walbbörschen	6	6	39	34
Waltersdorf	36	38	270	270
Sa.	1220	1233	9016	9094

Ger.-Amt Neustadt.

Ortsnamen.	1864.	1867.	1864.	1867.
Neustadt	316	317	2670	2708
Berthelsdorf	118	118	644	685
Cunnersdorf	75	74	450	475
Ehrenberg	106	111	708	708
Krumhermsdorf	107	105	648	653
Langburkersdorf	220	222	1403	1445
Niederottendorf	102	102	532	551
Oberottendorf	125	124	700	692
Polenz	174	172	1002	1061
Rugiswalde	76	74	393	391
Sa.	1419	1419	9150	9369

Ger.-Amt Pirna.

Ortsnamen.	1864.	1867.	1864.	1867.
Dohna	158	162	1621	1683
Liebstadt	117	117	894	881
Pirna	511	518	8186	8410
Wehlen	116	124	1346	1336
Biensdorf	24	24	169	160
Birkwitz	41	41	321	346
Borna	25	25	198	186
Bosewitz	12	12	93	81
Burgstädtel	16	16	105	113
Burkhardtswalde	61	62	528	521
Copitz	112	112	924	977
Crotta	6	6	53	49
Cunnersdorf	11	11	83	82
Daube	14	14	91	100
Doberzeit	15	15	99	107
Dohma	45	46	314	292
Ebenheit	25	25	200	192
Faltenhain	16	16	142	153
Friedrichswalde	51	51	445	415
Gamig	1	1	44	46
Goes	31	33	235	240
Gommern	30	32	233	234
Gorknitz	22	22	159	156
Großborthen	19	20	153	160
Großcotta	55	56	468	434
Großgraupe	42	43	265	286
Großluga	14	14	117	117
Großröhrsdorf	42	42	329	328
Großsedlitz	27	27	253	236
Großschachwitz	22	23	206	228
Häselich	9	9	77	91
Heidenau	27	28	256	253
Herbergen	16	16	109	109

Ortsnamen.	Zahl der bewohnten Hausgrundflächen		Bewohner		Ortsnamen.	Zahl der bewohnten Hausgrundflächen		Bewohner	
	1864.	1867.	1864.	1867.		1864.	1867.	1864.	1867.

Regierungs-Bezirk Dresden. (Fortsetzung.)

III. Amtshauptmannschaft Pirna. (Fortsetzung.)

Ortsnamen.	1864.	1867.	1864.	1867.	Ortsnamen.	1864.	1867.	1864.	1867.
G.-A. Pirna. (Fortsetzung.)					**G.-A. Pirna.** (Fortsetzung.)				
Hinterjessen	33	33	227	196	Röhrsdorf	38	38	331	315
Kleinborthen	9	9	81	79	Rottwerndorf	33	34	287	295
Kleincotta	37	36	278	286	Schnorrsdorf	8	8	77	79
Kleingraupe	14	14	87	87	Seidewitz	13	14	120	116
Kleinluga	15	15	105	121	Seitenhain	19	19	148	138
Kleinsedlitz	20	20	138	124	Sporbitz	11	11	103	102
Kleinstruppen	20	20	376	355	Struppen	73	76	631	635
Kleinzschachwitz	45	52	344	365	Sürßen	20	20	164	165
Köttwitz	19	20	151	148	Tronitz	8	8	41	40
Krebs	32	31	345	339	Uttewalde	29	29	205	210
Krietschwitz	24	24	199	191	Vorderjessen	15	15	89	94
Liebethal	59	59	311	329	Weesenstein	27	28	310	311
Liebigt	3	3	27	32	Wehlen	115	117	746	822
Liebigthänser	3	3	22	24	Wöllau	12	12	77	77
Lohmen	172	175	1246	1305	Zatzschke	8	8	55	60
Maxen	79	79	685	694	Zehista	30	30	385	3 5
Mensdja	1	1	17	21	Zeichen	12	12	97	82
Meußlitz	17	17	89	100	Zschieren	51	53	289	279
Mockethal	29	28	221	216	Zuschendorf	21	20	166	179
Mügeln	50	51	412	444	Zwirtzschlau	2	2	24	23
Mühlbach	20	22	135	164	**Sa.**	**3199**	**3558**	**32397**	**32848**
Mühlsdorf	59	59	315	313					
Nannsdorf	45	48	350	352	**Ger.-Amt Schandau.**				
Nenntmannsdorf	42	43	334	354					
Neugraupe	30	30	161	168	Hohnstein	129	128	1410	1421
Neundorf	36	37	309	316	Schandau	255	259	2710	2845
Neustruppen	23	23	251	246	Altendorf	59	60	482	477
Niedermenselgast	8	8	75	76	Goßdorf	34	34	239	227
Niederposta	15	15	103	97	Kleingießhübel	33	34	304	300
Niedervogelgesang	26	26	177	184	Krippen	105	106	865	907
Obermenselgast	8	9	81	84	Lichtenhain	85	85	643	681
Oberposta	67	66	454	416	Mittelndorf	44	45	336	323
Oberschlottwitz	13	14	99	116	Ostrau	45	43	342	350
Oberseidewitz	5	5	31	31	Porschdorf	56	62	456	471
Obervogelgesang	23	23	129	123	Postelwitz	71	72	520	537
Ottendorf	50	52	391	421	Prossen	31	32	302	314
Ploschwitz	9	9	68	71	Rathmannsdorf	65	68	461	466
Pötscha	13	13	97	101	Reinhardtsdorf	107	117	1007	1079
Pratzschwitz	48	48	379	350	Schmilka	31	31	213	236

Ortsnamen.	Zahl der bewohnten Hausgrundstücke		Bewohner		Ortsnamen.	Zahl der bewohnten Hausgrundstücke		Bewohner	
	1864.	1867.	1864.	1867.		1864.	1867.	1864.	1867.

Regierungs-Bezirk Dresden. (Fortsetzung.)

III. Amtshauptmannschaft Pirna. (Fortsetzung.)

G.-A. Schandau. (Fortsetzung.)

Ortsnamen.	1864	1867	1864	1867
Schöna	106	106	1029	1025
Waitzdorf	16	16	116	119
Waltersdorf	39	39	290	294
Wendischfähre	15	14	102	96
Sa.	1326	1351	11857	12168

Ger.-Amt Sebnitz.

Sebnitz	364	367	4651	4795
Hainersdorf	31	32	210	228
Hertigswalde	78	79	617	659
Hinterhermsdorf	152	154	1059	1052
Hofhainersdorf	49	48	352	306
Lohsdorf	51	54	353	373
Ottendorf	73	73	561	553
Saupsdorf	113	114	878	842
Schönbach	60	60	408	415
Ullersdorf	90	90	521	534
Sa.	1064	1071	9610	9757

Ger.-Amt Stolpen.

Stolpen	183	185	1418	1355
Altstadt	83	83	447	446
Bühlau	74	74	478	481

G.-A. Stolpen. (Fortsetzung.)

Tittersbach	108	113	666	662
Dobra	14	44	261	245
Türrröhrsdorf	67	68	409	399
Elbersdorf	55	55	298	303
Fischbach	94	93	611	576
Großdrebnitz	92	95	548	576
Heeselicht	76	76	476	502
Hohburkersdorf	28	28	180	187
Kleindrebnitz	41	41	256	260
Kleinelbersdorf	7	7	27	23
Kleinrennersdorf	5	5	34	31
Langenwolmsdorf	164	163	1097	1088
Lauterbach	125	124	702	684
Neudörfel	35	35	165	146
Niederhelmsdorf	12	44	264	247
Oberhelmsdorf	68	67	416	425
Porschendorf	52	55	335	349
Rathewalde	71	72	502	523
Rennersdorf	57	59	107	400
Rückersdorf	85	87	405	421
Schmiedefeld	83	82	536	538
Seeligstadt	92	93	635	642
Stürza	76	78	491	529
Wilschdorf	124	124	732	754
Jeschnig	33	33	224	214
Sa.	2064	2083	13020	13001

IV. Amtshauptmannschaft Freiberg.

Ger.-Amt Altenberg.

Altenberg	252	255	2335	2366
Geising	196	196	1347	1336
Bärenburg	20	18	100	110
Bärenfels	23	22	143	139
Tönischen	17	17	121	118
Fallenhain	37	38	243	250
Georgenfeld	53	53	267	277
Hirschsprung	20	21	136	120

G.-A. Altenberg. (Fortsetzung.)

Oberpöbel	1	1	7	2
Rehefeld	22	22	124	139
Schellerhau	62	63	348	359
Zaunhaus	21	21	120	120
Zinnwald	75	72	364	375
Sa	799	799	5656	5711

Regierungs-Bezirk Dresden. (Fortsetzung.)

IV. Amtshauptmannschaft Freiberg. (Fortsetzung.)

Ger.-Amt Brand.

Ortsnamen.	bewohnten Hausgrundstücke 1864.	1867.	Bewohner 1864.	1867.
Brand	196	196	2472	2525
Berthelsdorf	118	119	1348	1392
Erbisdorf	156	157	2167	2154
Gränitz	38	38	286	277
Großhartmannsdorf	265	265	2316	2389
Helbigsdorf	101	103	727	719
Linda	69	69	663	677
St. Michaelis	121	121	1375	1381
Mübisdorf	81	84	733	730
Niederlangenau	100	100	1274	1300
Oberlangenau	111	111	1294	1329
Oberreichenbach	33	31	230	231
Randeck	28	32	240	254
Weigmannsdorf	78	78	712	726
Sa.	1498	1504	15837	16084

Ger.-Amt Frauenstein.

Ortsnamen.	1864.	1867.	1864.	1867.
Frauenstein	165	166	1355	1435
Ammelsdorf	37	37	297	287
Burkersdorf	152	152	1212	1225
Dittersbach	83	83	657	636
Friedersdorf	54	54	411	405
Hartmannsdorf	90	92	716	736
Hennersdorf	73	73	504	504
Hermsdorf	124	128	1054	1059
Holzhau	57	59	391	385
Kleinbobritzsch	49	48	339	337
Kleinpretzschendorf	5	5	36	34
Mulda, Amtsanth.	96	96	817	831
Mulda, Rittergutsanth.	24	24	162	167
Nassau	163	162	1392	1379
Niederpretzschendorf	88	92	721	751
Oberpretzschendorf	88	88	640	646

Ger.-Amt Frauenstein.

Ortsnamen.	1864.	1867.	1864.	1867.
Rechenberg	64	65	418	416
Reichenau	125	129	1038	1113
Röthenbach	59	59	392	421
Schönfeld	55	55	424	419
Seyda	49	51	350	366
Sa.	1700	1718	13356	13552

Ger.-Amt Freiberg.

Ortsnamen.	1864.	1867.	1864.	1867.
Freiberg	1128	1170	18877	20566
Bräunsdorf	164	164	1690	1722
Conradsdorf	88	88	797	816
Erlicht	19	20	123	123
Falkenberg	59	59	620	532
Freibergsdorf	92	95	894	1065
Friedeburg	27	28	301	325
Großschirma	157	159	1591	1630
Halsbach	51	51	503	499
Halsbrücke	144	140	1513	1476
Herrndorf	49	50	346	345
Hetzdorf	66	66	480	470
Hilbersdorf	75	73	999	1166
Kleinschirma	51	52	445	505
Kleinwaltersdorf	122	124	980	1017
Krummenhennersdorf	97	97	847	823
Langenrinne	26	27	313	316
Langhennersdorf	164	165	1293	1281
Lichtenberg	212	212	1776	1746
Lößnitz	39	38	247	270
Loßnitz	53	52	539	530
Naundorf	134	140	1419	1459
Niederbobritzsch	211	214	2009	2032
Niedercolmnitz	145	147	1036	1063
Niederschöna	115	118	973	1013
Oberbobritzsch	220	228	1729	1777
Obercolmnitz	138	138	974	960
Oberschaar	52	52	360	378
Oberschöna	91	93	828	920

Ortsnamen.	Zahl der bewohnten Hausgrundstücke 1864.	1867.	Bewohner 1864.	1867.	Ortsnamen.	Zahl der bewohnten Hausgrundstücke 1864.	1867.	Bewohner 1864.	1867.

Regierungs-Bezirk Dresden. (Fortsetzung.)

IV. Amtshauptmannschaft Freiberg. (Fortsetzung.)

G.-A. Freiberg. (Fortsetzung.)					G.-A. Sayda. (Fortsetzung.)				
Rothenfurth	80	80	670	712	Neuwernsdorf	75	77	484	485
Sand	53	52	513	523	Niederneuschön-				
Seifersdorf	88	88	631	625	berg	57	57	481	510
Sohra	36	37	289	285	Niederseiffenbach	66	66	505	553
Süßenbach	8	8	51	50	Oberneuschön-				
Tuttendorf	59	60	544	557	berg	82	83	633	625
Wegefahrt	89	93	791	1001	Oberseiffenbach	68	76	679	574
Weißenborn	77	80	700	744	Pfaffroda	114	114	841	851
Wüstheßdorf	55	55	405	376	Pillsdorf	16	16	135	137
Zug	97	101	1163	1233	Purschenstein	8	8	84	79
Sa.	4634	4714	50159	52931	Rauschenbach	4	4	32	35
					Reukersdorf	22	21	149	140
Ger.-Amt Sayda.					Schönfeld	56	54	413	403
Sayda	178	180	1535	1639	Seiffen	147	150	1350	1438
Brüderwiese	20	21	165	179	Ullersdorf	42	42	295	302
Cämmerswalde	121	123	939	966	Voigtsdorf	196	197	1225	1219
Clausnitz	155	157	1147	1166	Wolfsgrund	17	17	101	99
Deutschcatha-					Zethau	202	204	1356	1349
rinenberg	24	24	198	193	Sa.	3134	3172	24297	24808
Deutscheinsiedel	60	63	581	602					
Deutschgeorgen-					**Ger.-Amt Tharandt.**				
thal	6	6	46	40	Rabenau	136	138	1152	1151
Teutschneudorf	107	107	913	961	Tharandt	191	193	2401	2384
Tittersbach	39	38	312	306	Braunsdorf	68	66	615	624
Tittmannsdorf	67	67	462	479	Coßmannsdorf	33	33	387	416
Törnthal	168	168	1298	1283	Dorfhain	123	123	1161	1130
Dorfchemnitz	195	195	1413	1394	Edersdorf	19	19	215	208
Frauenbach	23	22	164	157	Fördergersdorf	75	77	526	504
Friedebach	128	128	1018	1004	Großopitz	41	39	358	360
Hallbach	85	87	599	591	Grüllenburg	16	17	100	111
Heidelbach	21	21	141	136	Grund	79	78	672	659
Heidelberg	206	207	1845	1945	Hainsberg	43	46	731	788
Heibersdorf	110	112	845	899	Hartha	23	23	222	223
Hirschberg	12	12	85	103	Hintergersdorf	91	92	712	744
Hutha	10	11	79	85	Kleinölsa	19	19	151	146
Kleinneuschön-					Kleinopitz	11	11	124	133
berg	70	72	538	544	Klingenberg	107	107	881	887
Neuhausen	158	165	1281	1337	Lübau	25	25	183	188

Regierungs-Bezirk Dresden. (Fortsetzung.)

IV. Amtshauptmannschaft Freiberg. (Fortsetzung.)

Ortsnamen	Zahl der bewohnten Hausgrundstücke 1864	1867	Bewohner 1864	1867	Ortsnamen	Zahl der bewohnten Hausgrundstücke 1864	1867	Bewohner 1864	1867
G.-A. Tharandt. (Fortsetzung.)					**G.-A. Tharandt. (Fortsetzung.)**				
Mohorn	124	127	1111	1095	Schlettau	41	41	333	333
Oberhermsdorf	38	40	374	378	Somsdorf	81	82	735	734
Obernaundorf	46	45	330	353	Spechtshausen	6	6	37	38
Porsdorf	63	65	411	400	Sa.	1499	1512	13922	13987

Regierungs-Bezirk Leipzig.

I. Amtshauptmannschaft Leipzig.

Ortsnamen	Ger.-Amt Borna 1864	1867	Bewohner 1864	1867	Ortsnamen	G.-A. Borna (Fortsetzung) 1864	1867	Bewohner 1864	1867
Borna	480	494	4983	5544	Hainichen	59	59	348	342
Regis	109	110	732	725	Hartmannsdorf	19	19	126	127
Altstadt-Borna	121	127	815	879	Haubitz	17	17	90	90
Apelt	8	8	46	39	Hemmendorf	10	9	63	58
Bergisdorf	28	29	176	176	Heuersdorf	35	34	230	215
Berndorf	27	27	146	158	Hohendorf	27	27	158	150
Beucha	38	38	262	253	Kahnsdorf	58	59	331	332
Blumroda	49	49	311	293	Kesselshain	13	12	79	74
Bösengröba	9	8	53	41	Kieritzsch	54	54	377	369
Braußwig	31	30	168	166	Kitscher	63	63	386	369
Breitingen	122	123	693	688	Kleinhermsdorf	22	22	116	138
Breunsdorf	62	62	432	413	Kleinzössen	13	13	105	95
Teutzen	51	50	334	296	Lobstädt, Stadtch.	101	105	734	742
Tittmannsdorf	35	36	241	255	Nehmitz	43	43	240	231
Troßdorf	39	40	228	232	Neukirchen	55	55	291	267
Elbisbach	38	39	262	268	Flatela	13	13	71	62
Eula	48	48	312	313	Prießnitz	77	77	529	526
Flößberg	97	101	623	655	Fürsten	27	28	246	240
Gestewitz	32	31	198	168	Ramsdorf	89	91	495	477
Gnandorf	22	22	122	115	Raupenhain	7	7	51	46
Görnitz	19	21	109	120	Röthigen	24	24	122	112
Großhermsdorf	37	37	247	242	Ruppersdorf	38	37	236	216
Großzössen	45	45	297	293	Schleenhain	27	29	190	158
Hagenest	52	52	286	274	Schönau	51	49	299	286

Regierungs-Bezirk Leipzig. (Fortsetzung.)
I. Amtshauptmannschaft Leipzig. (Fortsetzung.)

Ortsnamen.	bew. Hausgrundstücke 1864	1867	Bewohner 1864	1867	Ortsnamen.	bew. Hausgrundstücke 1864	1867	Bewohner 1864	1867
G.-A. Borna. (Fortsetzung.)					**Ger.-Amt Leipzig II.**				
Thierbach	16	46	289	287	Neuenhain (Vorwerk)	1	1	24	27
Trages	44	44	256	254	Baruck	1	1	43	39
Trebishain	30	30	183	180	Böhlitz	21	26	212	212
Treppendorf	13	14	72	74	Breitenfeld	11	11	187	177
Wildenhain	35	34	189	162	Burgaue	1	1	6	7
Wignitz	34	34	211	198	Burghausen	30	32	246	248
Wyhra	66	65	385	390	Connewitz	227	249	3558	3978
Zedtlitz	82	82	481	498	Cröbern	50	49	323	323
Zöpen	67	67	383	367	Crostewitz	47	47	408	407
Zugabe Rötha	1	1	11	10	Dölitz	98	98	1337	1294
Sa.	2959	2990	20488	20737	Dösen	15	15	133	133
					Ehrenberg	17	17	122	126
Ger.-Amt Leipzig I.					Entritzsch	116	131	1929	2183
Leipzig	2501	2768	85394	90824	Gautzsch	64	67	749	772
Abtnaundorf	29	29	489	487	Göbschelwitz	26	27	181	190
Anger	40	42	679	906	Gohlis	185	223	3086	3755
Baalsdorf	34	34	287	293	Großwiederitzsch	26	26	200	195
Crottendorf	23	24	333	332	Großzschocher	129	137	1335	1456
Engelsdorf	16	46	342	323	Gundorf	21	23	245	252
Großpösna	76	78	479	467	Hänichen	40	40	369	362
Güldengossa	49	51	352	319	Kleinwiederitzsch	28	30	206	224
Hirschfeld	24	24	159	143	Kleinzschocher	163	179	1788	2060
Holzhausen	57	60	401	427	Koepuden	3	3	54	56
Liebertwolkwitz	219	220	1742	1728	Lauer	2	2	31	28
Mölkau	15	16	142	107	Leutzsch	75	78	796	861
Neureudnitz	48	45	1399	1282	Lindenau	321	381	5107	6364
Neuschönefeld	200	206	5313	5408	Lindenthal	65	63	530	544
Neusellerhausen	45	45	999	1071	Lösnig	27	27	348	343
Reudnitz	298	319	7644	7954	Lützschena	75	75	779	786
Schönefeld	123	132	2475	2542	Marktleeberg	69	70	577	569
Sellerhausen	83	100	1300	1377	Meusdorf	2	2	17	47
Stötteritz	213	218	3982	3801	Mödern	96	100	1524	1637
Stünz	24	24	301	313	Oetzsch	19	20	189	180
Volkmarsdorf	118	163	2645	3915	Plagwitz	114	132	1605	2033
Volkmarsdorfer Straßenhäuser	16	15	310	309	Podelwitz	58	59	466	484
					Probstheida	56	66	587	655
Zuckelhausen	26	25	223	202	Quasnitz	16	16	126	115
Zweinaundorf	12	43	366	355	Raschwitz	3	3	39	32
Sa.	1348	4727	117816	124885	Schleuzig	22	23	274	250

Ortsnamen.	Zahl der bewohnten Hausgrundstücke 1864.	1867.	Bewohner 1864.	1867.	Ortsnamen.	Zahl der bewohnten Hausgrundstücke 1864.	1867.	Bewohner 1864.	1867.

Regierungs-Bezirk Leipzig. (Fortsetzung.)
I. Amtshauptmannschaft Leipzig. (Fortsetzung.)

G.-A. Leipzig II. (Fortsetzung.)

Ortsnamen	1864	1867	1864	1867
Schönau...	25	25	238	241
Seehausen..	47	48	343	333
Stahmeln...	35	38	290	318
Thonberge-Straßenhäuser	118	125	3029	3121
Wachau....	45	45	331	367
Wahren...	53	55	663	685
Windorf...	41	42	464	429
Za.	2707	2937	35123	38898

Ger.-Amt Markranstädt.

Ortsnamen	1864	1867	1864	1867
Markranstädt...	182	191	1492	1704
Albersdorf..	15	16	121	124
Frankenheim.	37	37	205	218
Garnis....	18	18	100	91
Göhrenz...	19	20	130	137
Großdölzig...	101	109	724	703
Großmiltitz..	32	28	184	166
Hartmannsdorf	37	38	240	213
Kleindölzig..	43	44	265	285
Kleinmiltitz..	14	15	87	95
Knauthain...	76	80	719	734
Knautkleeberg.	56	58	359	356
Knautnaundorf	34	36	231	234
Kulkwitz...	15	15	112	119
Lausen....	20	22	157	199
Lindnaundorf.	28	29	196	210
Priestäblich..	15	15	111	102
Quesitz....	42	42	279	298
Rehbach...	42	42	269	270
Rückmarsdorf.	40	42	272	288
Seebenisch..	25	25	179	172
Za.	894	920	6120	6718

Ger.-Amt Pegau.

Ortsnamen	1864	1867	1864	1867
Groitzsch..	271	303	3178	3271
Pegau...	436	438	4300	4269
Alteugroitzsch.	22	22	166	149
Audigast...	46	46	280	239
Auligk....	74	74	450	429
Brunnewitz...	17	17	86	85
Prösen...	14	14	108	102
Carsdorf...	25	27	163	147
Cöllnitz....	10	10	59	57
Costewitz...	32	32	182	158
Troßkau...	12	12	80	85
Elstertrebnitz.	57	57	313	302
Eulau....	9	9	53	63
Gatzen....	41	40	200	203
Greitschütz..	51	52	302	286
Großpriesligk.	27	27	150	154
Großstolpen..	16	16	101	93
Großstorkwitz.	21	21	117	143
Großwitsch stauben...	13	13	86	86
Käferhain...	18	17	94	102
Kleinoberwitz.	7	6	42	41
Kleinpriesligk.	9	9	66	66
Kleinstolpen..	9	9	54	57
Kleinwitsch stauben...	2	2	19	19
Kobschütz...	8	8	55	54
Langenhain..	16	16	112	102
Leipen....	17	16	103	94
Lippendorf...	7	7	50	48
Löbnitz....	37	36	221	215
Maltitz....	14	14	100	100
Maschwitz...	5	5	36	38
Medewitzsch...	51	51	322	311
Wetherwitz...	11	11	72	74
Michelwitz...	20	20	121	117
Nöthnitz....	14	14	113	100
Obertitz....	15	15	96	98
Oberwitz...	29	30	138	173
Oelschütz...	9	9	64	73

Ortsnamen.	Zahl der bewohnten Hausgrundstücke 1864.	1867.	Bewohner 1864.	1867.	Ortsnamen.	Zahl der bewohnten Hausgrundstücke 1864.	1867.	Bewohner 1864.	1867.

Regierungs-Bezirk Leipzig. (Fortsetzung.)
I. Amtshauptmannschaft Leipzig. (Fortsetzung.)

Ortsnamen.	1864	1867	1864	1867	Ortsnamen.	1864	1867	1864	1867
G.-A. Pegau. *(Fortsetzung.)*					**G.-A. Rötha.** *(Fortsetzung.)*				
Bautzsch	3	3	17	19	Oelzschau	84	85	486	514
Siegel	12	12	90	96	Röbgen	20	20	111	110
Böhlwitz	25	25	166	153	Rüben	27	27	180	184
Saasdorf	22	21	136	133	Sestewitz	19	19	119	121
Schnaubertrebnitz	18	18	107	105	Störmthal	76	74	517	506
					Tanzberg	19	20	119	123
Spahnsdorf	22	22	126	121	Trachenau	52	54	306	304
Stönzsch	72	73	420	435	Zehmen	51	51	374	353
Tannewitz	20	18	96	87	Sa.	1207	1208	7949	7951
Traupschen	50	49	301	302					
Weideroda	11	14	93	99					
Wiederau	37	37	257	276	**Ger.-Amt Taucha.**				
Zauschwitz	15	15	89	90					
Zschagast	9	9	60	61	Taucha	312	314	2588	2597
Sa.	1814	1841	14230	14180	Althen	21	22	121	135
					Cleuden	13	15	99	120
					Grabefeld	29	29	177	187
Ger.-Amt Rötha.					Gunnersdorf,				
Rötba	257	258	1998	2031	Rgt	1	1	20	20
Tablitzsch	29	29	119	147	Dewitz	32	33	268	283
Dechwitz	19	18	118	108	Döbitz	49	48	371	353
Dreiskau	44	45	251	254	Gottscheina	19	19	148	142
Espenhain	31	34	233	230	Graßdorf	12	12	90	101
Gaulis	33	33	207	196	Hohenheida	46	47	316	305
Geschwitz	29	31	178	181	Merkwitz	31	31	178	192
Göhren	39	38	223	214	Mockau	57	62	662	715
Göltzschen	35	34	209	211	Neutzsch	28	30	319	332
Großpötzschau	39	39	236	249	Panitzsch	78	77	528	528
Gruhna	35	34	218	197	Paunsdorf	88	90	1048	1035
Hain	48	47	353	358	Plaußig	38	39	323	343
Kleinpötzschau	20	20	113	119	Plösen	21	22	203	203
Kömmlitz	26	26	180	168	Plösitz	15	14	96	95
Körischwitz	1	1	26	20	Pönitz	26	26	155	160
Kreudnitz	31	30	217	216	Portitz	30	32	221	266
Magdeborn	2	2	16	12	Sehlgeritz	38	37	312	265
Mölbis	90	91	583	562	Sehlis	30	29	200	184
Mukern	26	25	144	145	Sommerfeld	42	44	323	338
Neumuckehanien	22	23	122	118	Sa.	1056	1073	8766	8899

Ortsnamen.	Zahl der bewohnten Hausgrundstücke 1864.	1867.	Bewohner 1864.	1867.	Ortsnamen.	Zahl der bewohnten Hausgrundstücke 1864.	1867.	Bewohner 1864.	1867.

Regierungs-Bezirk Leipzig. (Fortsetzung.)

I. Amtshauptmannschaft Leipzig.. (Fortsetzung.)

Ger.-Amt Zwenkau.

Zwenkau...	327	330	3132	3011	**Ger.-A. Zwenkau.** (Fortsetzung.)				
Böhlen...	60	60	368	346	Rotzschbar...	63	68	523	653
Bösdorf...	38	37	230	218	Pöbschütz...	38	39	235	251
Debitzdeuben.	17	17	100	100	Mausitz...	1	1	24	24
Döhlen...	7	7	54	39	Peres...	43	42	254	262
Eythra...	132	133	829	859	Probstdeuben.	21	20	170	156
Gaschwitz...	20	18	183	144	Pröbel...	30	31	242	237
Großdalzig..	48	49	271	274	Pulgar...	24	23	137	130
Großdeuben..	26	27	219	238	Rüssen...	23	24	169	149
Großstädteln.	47	48	373	381	Stöhna...	27	29	189	176
Imnitz...	52	53	440	444	Teüschütz...	29	29	180	168
Kleindalzig..	11	12	97	90	Zeschwitz...	48	48	243	236
Kleinstädteln.	31	31	248	272	Zöbigker...	48	50	373	370
Kleinstorkwitz.	16	16	96	89	Sa.	1227	1242	9379	9317

II. Amtshauptmannschaft Grimma.

Ger.-Amt Brandis.

Brandis..	215	223	1951	1942	**Ger.-Amt Grimma.**				
Naunhof..	173	184	1187	1289	Grimma..	531	555	5933	6476
Albrechtshain.	35	37	208	215	Nerchau...	143	143	920	967
Ammelshain..	62	61	353	368	Trebsen...	166	169	1250	1211
Beucha...	63	66	438	440	Altenhain...	68	71	457	500
Borsdorf...	17	17	129	118	Amtshäuser..	37	38	374	386
Cämmerei...	68	71	511	506	Bahren...	12	13	66	79
Eicha...	26	26	141	152	Beiersdorf...	54	55	311	319
Erdmanshain..	32	33	161	181	Belgershain..	62	63	434	427
Fuchshain...	58	62	409	435	Böhlen...	53	53	360	339
Gerichshain..	67	67	503	474	Brösen...	33	34	229	220
Kleinpösna..	34	34	263	252	Burgberg...	50	51	326	336
Kleinsteinberg.	15	15	94	90	Dedig...	11	10	71	68
Klinga...	40	41	227	240	Döben...	74	75	681	632
Polenz...	78	78	503	501	Torna...	17	18	128	128
Pohlhausen..	2	2	43	45	Förstgen...	36	37	244	245
Seifertshain.	45	44	298	321	Golzern...	36	37	345	335
Staubnitz...	29	29	144	143	Gornewitz..	16	16	90	98
Wolfshain..	21	21	138	148	Grechwitz...	30	35	231	312
Zweenfurth..	28	29	231	224	Grethen...	60	64	335	325
Sa.	1108	1140	7922	8084	Großbardau	100	103	686	706
					Großbothen..	75	77	427	440
					Großsteinberg	56	62	409	461

Ortsnamen.	Zahl der bewohnten Hausgrundfläche 1864.	1867.	Bewohner 1864.	1867.	Ortsnamen.	Zahl der bewohnten Hausgrundfläche 1864.	1867.	Bewohner 1864.	1867.

Regierungs-Bezirk Leipzig. (Fortsetzung.)
II. Amtshauptmannschaft Grimma. (Fortsetzung.)

G.-A. Grimma. (Fortsetzung.)

Ort	1864	1867	1864	1867
Grottewitz	8	8	65	69
Haubitz	18	18	121	132
Höfgen	12	12	99	92
Hohnstädt	51	50	336	333
Rabitzsch	26	27	201	227
Kleinbardau	35	36	243	240
Kleinbothen	47	48	282	289
Röhra	66	67	419	442
Röfiern	84	85	517	545
Lindhardt	12	12	82	71
Naundorf	16	16	129	133
Nerchen	27	28	203	195
Neunitz	26	27	202	227
Nimbschen	3	3	39	36
Pauschwitz	24	24	139	137
Pöhsig	60	60	397	377
Pomßen	105	108	743	744
Ragewitz	25	27	184	216
Rohrbach	29	30	195	192
Rothersdorf	10	10	68	65
Schaddel	26	25	135	131
Schlortiz	38	39	243	261
Schmorditz	20	20	126	140
Seelingstädt	63	64	386	415
Threna	60	61	399	387
Walzig	12	12	82	81
Wednig	19	17	95	104
Würschwitz	28	28	196	185
Zaschwitz	24	25	153	152
Zeunitz	22	21	146	139
Zöhda	17	17	106	98
Za.	2733	2804	21066	21365

Ger.-Amt Lausigk.

Ort	1864	1867	1864	1867
Lausigk	279	283	3209	3415
Ballendorf	62	61	340	367
Bernbruch	40	42	229	241
Buchheim	60	63	371	384

G.-A. Lausigk. (Fortsetzung.)

Ort	1864	1867	1864	1867
Etzoldshain	40	42	262	277
Flasten	43	45	248	274
Großbuch	39	41	259	264
Heinersdorf	55	57	423	420
Lauterbach	42	41	289	277
Mark-Röllsdorf	9	10	16	72
Otterwisch	103	105	759	748
Reichersdorf	31	33	222	238
Steinbach	65	65	430	427
Stockheim	24	25	174	169
Za.	892	913	7264	7573

Ger.-Amt Lichatz.

Ort	1864	1867	1864	1867
Dahlen	351	356	2951	2894
Lichau	545	557	5716	6160
Altoschatz	40	40	280	259
Binnewitz	12	12	91	93
Borna	48	47	359	350
Bornitz	26	26	208	203
Bucha	48	49	304	308
Calbitz	126	127	919	865
Canitz	50	51	351	369
Casabra	40	41	290	283
Clanzschwitz	12	13	131	130
Deutschluppa	71	74	467	479
Ganzig	66	65	401	410
Gasterwitz	14	14	103	104
Gaunitz	21	17	134	113
Goldhausen	22	22	172	169
Großböhla	46	48	355	328
Hahnefeld	18	17	107	107
Haida	3	3	31	31
Hof	76	76	565	536
Hohenwussen	28	28	244	234
Jahna	41	43	334	310
Kleinböhla	22	22	160	148
Kleinforst	25	25	178	168
Kleinneusslig	4	4	22	23

Ortsnamen.	Zahl der bewohnten Hausgrundstücke 1864.	1867.	Bewohner 1864.	1867.	Ortsnamen.	Zahl der bewohnten Hausgrundstücke 1864.	1867.	Bewohner 1864.	1867.

Regierungs-Bezirk Leipzig. (Fortsetzung.)
II. Amtshauptmannschaft Grimma. (Fortsetzung)

G.-A. Oschatz. (Fortsetzung.)   **G.-A. Oschatz.** (Fortsetzung.)

Ortsnamen	1864	1867	1864	1867	Ortsnamen	1864	1867	1864	1867
Kleinragewitz	11	12	97	93	Wellerswalde	41	41	363	316
Lötitz	6	6	71	69	Wendischluppa	74	75	544	548
Kreina	15	15	100	97	Zeicha	12	13	97	96
Kreischa	8	8	56	61	Zeuckritz	32	34	185	197
Lampersdorf	44	45	259	261	Zöschau	12	12	122	125
Lampertswalda	108	109	648	658	Zschöllau	38	39	263	284
Leisnitz	28	27	175	167	Sa.	3190	3239	24726	24842
Leuben	31	30	185	163					
Liebschütz	26	27	159	156					
Limbach	49	50	305	300	**Ger.-Amt Strehla.**				
Lonnewitz	52	52	348	353	Strehla	265	267	2229	2198
Malkwitz	54	56	390	391	Cavertitz	48	47	272	254
Mannschatz	22	22	113	121	Clanzschwitz	21	21	142	146
Merkwitz	51	51	368	386	Görzig	32	32	250	254
Möhla	12	12	68	78	Wohlis	83	83	564	610
Nasenberg	16	16	94	83	Großrügeln	17	17	122	127
Naundorf	61	63	478	468	Jacobsthal	50	50	369	341
Ochsensaal	37	38	220	216	Kleinrügeln	27	27	167	159
Pulsitz	29	29	324	323	Klingenhain	30	30	185	184
Radegast	8	9	41	37	Klötitz	34	36	200	194
Raitzen	22	22	144	150	Kottewitz	8	8	79	89
Rechau	11	11	58	60	Kreinitz	77	79	551	568
Reppen	50	49	307	308	Laas	55	55	316	323
Rochzahn	9	9	76	92	Leckwitz	26	25	170	162
Rosenthal	22	22	168	178	Lorenzkirch	45	46	330	335
Saalhausen	15	15	111	100	Olganitz	29	31	175	182
Salbitz	18	19	131	146	Oppitzsch	8	7	87	78
Schmannewitz	81	79	531	515	Sahlassan	28	29	195	185
Schmorkau	31	31	200	180	Schöna	30	29	171	176
Schmorren	6	6	63	57	Trebnitz	5	5	46	55
Schönnewitz	39	39	278	262	Treptitz	31	31	178	171
Schwarzroda	4	4	18	17	Unterreußen	17	17	111	113
Sörnewitz	48	47	306	310	Zaußwitz	57	58	339	344
Stauchitz	61	64	432	422	Zscheva	44	44	298	294
Stennschütz	18	18	132	118	Sa.	1067	1074	7646	7542
Striesa	7	7	67	67					
Terpitz	35	36	215	216	**Ger.-Amt Wermsdorf.**				
Thalheim	35	36	221	203	Wutzschen	232	236	1712	1731
Wadewitz	24	25	150	155	Ablaß	32	32	210	205
Weichteritz	22	22	172	165					

Regierungs-Bezirk Leipzig. (Fortsetzung.)

II. Amtshauptmannschaft Grimma. (Fortsetzung.)

G.-A. Wermsdorf. (Fortsetzung.)

Ortsnamen	Zahl der bewohnten Hausgrundstücke 1864	1867	Bewohner 1864	1867
Böhlitz	30	30	235	236
Cannewitz	64	65	412	393
Collm	55	56	317	308
Denkwitz	20	20	125	127
Döbern	7	8	44	54
Krembiswalde	106	107	690	697
Gastewitz	21	21	137	132
Göttwitz	19	18	150	139
Großquerbitzsch	26	27	178	185
Hubertusburg	6	7	1573	1591
Jeesewitz	16	16	113	103
Kleinquerbitzsch	3	3	28	28
Köllmichen	6	6	54	52
Leipen	1	1	8	7
Liptitz	28	27	210	197
Löbschütz	6	6	55	61
Mahlis	93	92	726	712
Mannewitz	38	40	255	282
Merschwitz	3	4	30	34
Niedergrauschwitz	27	28	157	171
Obergrauschwitz	16	15	111	105
Pommlitz	12	12	92	101
Prösitz	16	16	134	149
Reckwitz	22	22	174	163
Remsa	2	2	31	27
Roda	51	51	329	348
Sachsendorf	73	73	435	433
Serka	7	6	42	38
Thümmlitz	7	6	36	33
Wadewitz	13	13	78	92
Waldchen	17	17	156	134
Wagelwitz	46	44	296	282
Wermsdorf	172	175	1888	1953
Wetteritz	14	14	95	94
Wiederoba	4	4	81	78
Zschannewitz	8	8	68	74
Sa.	1319	1328	11195	11549

Ger.-Amt Wurzen.

Ortsnamen	Zahl der bewohnten Hausgrundstücke 1864	1867	Bewohner 1864	1867
Wurzen	645	657	7408	7252
Altenbach	51	54	357	361
Bach	20	20	137	132
Bennewitz	27	28	228	230
Böhlitz	58	59	338	334
Börln	71	74	522	520
Bortewitz	42	42	264	243
Burkartshain	90	92	635	663
Canitz	17	17	107	117
Collmen	41	40	267	232
Dehnitz	24	26	187	182
Deuben	45	45	356	338
Dögnitz	16	15	107	105
Tornreichenbach	60	50	376	377
Falkenhain	110	108	767	779
Frauwalde	26	27	150	136
Großzschepa	61	60	406	391
Grubnitz	17	17	128	126
Heida	19	19	119	124
Hohburg	51	51	370	371
Kapsdorf	24	26	143	147
Kleinzschepa	15	16	99	111
Knatewitz	28	28	193	181
Körlitz	43	43	314	315
Kornhain	3	4	27	33
Kühnitzsch	61	60	391	401
Lühren	99	100	639	589
Leulitz	34	32	269	278
Lossa	12	12	127	128
Lübschütz	45	45	327	317
Lüptitz	69	73	453	452
Machern	87	91	729	720
Mark-Stolpen	2	2	11	6
Mellewitz	47	48	315	322
Müglenz	34	34	222	212
Mühlbach	12	12	101	108
Nemt	58	62	380	390
Repperwitz	31	33	228	231
Niederschmölen	1	2	31	14
Nischwitz	68	70	511	525

Regierungs-Bezirk Leipzig. (Fortsetzung.)
II. Amtshauptmannschaft Grimma. (Fortsetzung)

Ortsnamen.	Zahl der bewohnten Hausgrundstücke 1864.	1867.	Bewohner 1864.	1867.	Ortsnamen.	Zahl der bewohnten Hausgrundstücke 1864.	1867.	Bewohner 1864.	1867.
G.-A. Wurzen. (Fortsetzung.)					**G.-A. Wurzen.** (Fortsetzung)				
Obernitzschka	42	42	235	229	Trebelshain	24	24	175	180
Oelschütz	16	16	120	105	Treben	57	57	350	350
Pausitz	48	48	303	323	Unternitzschka	38	39	212	215
Plagwitz	21	21	175	175	Voigtshain	35	36	267	257
Püchau	81	80	563	521	Wasewitz	27	28	166	171
Pyrna	19	20	112	112	Watzschwitz	20	20	130	129
Rödnitz	47	48	292	291	Zeititz	21	22	140	174
Roitzsch	30	31	267	259	Zschorna	59	69	357	345
Schmölen	46	46	322	337	Zwochau	3	3	23	21
Streuben	35	36	182	191	Sa.	3130	3177	24597	24340
Thallwitz	110	111	790	776					
Thammenhain	98	96	677	686					

III. Amtshauptmannschaft Rochlitz.

Ortsnamen.	1864.	1867.	1864.	1867.	Ortsnamen.	1864.	1867.	1864.	1867.
Ger.-Amt Burgstädt.					**Ger.-Amt Colditz.**				
Burgstädt	430	437	4333	4391	Colditz	354	355	3853	3985
Berthelsdorf	50	50	302	319	Bockwitz	25	25	175	178
Burkersdorf	131	138	1076	1134	Collmen	26	28	193	204
Claußnitz	192	198	1556	1630	Commichau	51	52	349	334
Cossen	18	19	119	121	Erlbach	110	112	652	651
Diethensdorf	85	88	592	639	Erln	34	36	190	201
Göppersdorf	111	114	1000	1105	Großsermuth	36	36	224	214
Göritzhain	108	108	712	718	Hausdorf	49	49	270	279
Hartmannsdorf	239	250	2597	2764	Hohnbach	59	59	368	380
Heiersdorf	61	66	417	450	Kaltenborn	29	31	168	166
Helsdorf	24	24	142	137	Kleinsermuth	27	27	190	190
Herrenhaide	24	24	174	187	Kötteritzsch	33	36	189	225
Hohenkirchen	26	26	167	169	Koltzschen	27	27	201	183
Köthensdorf	109	110	922	901	Kralapp	16	17	116	113
Markersdorf	70	71	671	595	Lastau	54	56	391	405
Mohsdorf	103	108	939	1074	Leisenau	51	52	311	303
Mühlau	196	202	1793	1951	Leupahn	39	42	249	266
Reitzenhain	8	8	66	80	Leutenhain	33	33	176	187
Röllingshain	60	61	385	359	Maaschwitz	13	18	86	126
Stein	95	101	637	677	Menselwitz	17	17	124	121
Taura	175	178	1663	1596	Möseln	19	19	100	107
Sa.	2315	2381	20063	20997	Podelwitz	31	33	232	231

Ortsnamen.	Zahl der bewohnten Hausgrundstücke		Bewohner		Ortsnamen.	Zahl der bewohnten Hausgrundstücke		Bewohner	
	1864.	1867.	1864.	1867.		1864.	1867.	1864.	1867.

Regierungs-Bezirk Leipzig. (Fortsetzung.)
III. Amtshauptmannschaft Rochlitz. (Fortsetzung.)

G.-A. Colditz. (Fortsetzung.)					**G.-A. Frohburg.** (Fortsetzung.)				
Raschütz	13	13	101	94	Waldig	10	10	74	76
Rüx	21	21	149	161	Wolftitz	35	35	177	202
Schönbach	100	101	579	608	Wüstenhain	5	5	42	44
Schwarzbach	57	57	360	363	Sa.	1411	1424	9803	9818
Seupahn	31	30	150	139					
Stoplau	13	14	112	119	**Ger.-Amt Geithain.**				
Tanndorf	23	25	150	161					
Terpitsch	28	28	180	179	Geithain	421	415	3338	3564
Thierbaum	30	30	186	176	Altdorf	32	32	205	206
Thumirnicht	18	18	112	111	Bruchheim	17	17	116	130
Zollwitz	38	39	268	270	Eversbach	70	69	510	506
Zschabraß	13	13	90	93	Edersberg	5	5	27	22
Zscheylsch	12	12	69	62	Frauendorf	49	48	338	317
Zschirla	50	50	292	298	Hermsdorf	19	19	125	123
Sa.	1580	1611	11595	11883	Hopfgarten	43	43	289	283
					Kolla	16	16	108	102
Ger.-Amt Frohburg.					Narsdorf	33	33	191	191
Frohburg	357	362	2885	2856	Nauenhain	53	52	277	286
Lohren	157	157	1234	1201	Niederfrankenhain	73	72	427	404
Altmörbitz	53	53	349	350	Niedergräfenhain	64	65	434	435
Benndorf	72	72	423	428	Niederpickenhain	13	13	87	88
Bocka, sächf. Anth.	8	8	53	46	Oberfrankenhain	46	46	278	272
Bubendorf	33	32	213	232	Oberpickenhain	14	15	90	96
Tolsenhain	43	43	296	283	Ossa	61	61	371	360
Eschefeld	101	103	611	601	Ottenhain	16	16	119	114
Gnandstein	75	75	469	465	Seifersdorf	34	35	218	227
Greifenhain	98	98	647	682	Syhra	34	34	201	206
Jahnshain	47	49	311	320	Tautenhain	68	67	462	480
Kleinefchefeld	15	15	85	78	Theusdorf	15	15	99	93
Linda	30	30	227	220	Wenigossa	14	14	102	109
Meusdorf	15	16	125	125	Widershain	52	53	353	342
Reutersdorf	53	55	308	340	Sa.	1262	1255	8765	8956
Neuhof	17	17	83	87					
Pflug	15	15	100	95	**Ger.-Amt Mittweida.**				
Roda	73	74	441	438	Mittweida	639	657	8285	9118
Rübigsdorf	30	31	178	172	Altmittweida	178	187	1349	1370
Sahlis	31	31	214	271	Biensdorf	10	10	70	80
Streitwald	11	11	60	51					
Terpitz	27	27	168	155					

Regierungs-Bezirk Leipzig. (Fortsetzung.)
III. Amtshauptmannschaft Rochlitz. (Fortsetzung.)

Ortsnamen	Zahl der bewohnten Hausgrundstücke 1864	1867	Bewohner 1864	1867	Ortsnamen	Zahl der bewohnten Hausgrundstücke 1864	1867	Bewohner 1864	1867
G.-A. Mittweida. (Fortsetzung.)					**G.-A. Penig. (Fortsetzung.)**				
Dreiwerden	3	3	58	51	Großschlaisdorf	20	21	124	148
Erlau	112	114	798	838	Herrnsdorf	11	11	111	118
Erlebach	17	17	121	124	Kaufungen	114	117	781	787
Falkenhain	20	20	130	138	Kleinschlaisdorf	5	5	34	37
Frankenau	97	97	697	672	Langenleuba-Oberhain	183	185	1319	1338
Grumbach	36	35	309	345	Markersdorf	28	29	209	205
Hermsdorf	44	44	275	279	Mühlwiese	5	5	30	24
Rochsdorf	27	29	222	307	Niederelsdorf	61	61	422	402
Königshain	208	213	1242	1263	Niedersteinbach sächs. Anth.	31	31	216	207
Lauenhain	66	68	432	442	Oberelsdorf	49	49	293	292
Neudörfchen	31	31	298	307	Obersteinbach sächs. Anth.	16	16	130	129
Neusorge	10	11	97	89	Rochsburg	65	68	531	534
Niederrossau	103	103	687	683	Schlagwitz	29	29	178	159
Niederthalheim	17	17	95	95	Tauscha	85	85	564	570
Oberrossau	68	68	412	410	Thierbach	25	25	155	137
Oberthalheim	29	29	159	177	Uhlsdorf	38	39	242	247
Ottendorf	171	176	1274	1243	Wernsdorf	42	43	326	327
Ringethal	54	64	317	355	Wollenburg	64	66	526	590
Röschen	58	58	482	558	Zinnberg	28	28	194	184
Schönborn	46	49	423	493	**Sa.**	**1789**	**1809**	**15673**	**15823**
Seifersbach	95	96	794	813					
Tanneberg	55	54	360	340	**Ger.-Amt Rochlitz.**				
Topfseifersdorf	80	80	496	477	Rochlitz	461	465	4987	5194
Weinsdorf	32	33	207	209	Altzschillen	29	30	189	195
Wiederau	173	176	1142	1166	Arnsdorf	15	15	102	103
Winkeln	15	15	87	91	Beedeln	20	21	154	144
Wolfsberg	1	1	11	13	Bernsdorf	11	12	57	64
Zschöppichen	13	13	90	85	Biesern	16	16	94	90
Zschoppelhain	53	55	302	307	Breitenborn	43	44	255	251
Sa.	**2561**	**2613**	**21721**	**22938**	Carsdorf	12	12	77	62
					Cresewitz	14	14	100	108
Ger.-Amt Penig.					Corba	16	14	102	94
Punzenau	225	233	2743	2756	Doberenz	21	21	169	163
Penig	465	462	5064	5128	Döhlen	42	42	233	245
Arnsdorf	47	47	368	369	Dölitzsch	19	19	122	128
Chursdorf	87	87	678	685					
Tittmannsdorf	39	40	277	281					
Türrengerbisdorf	27	27	158	169					

Ortsnamen.	Zahl der bewohnten Hausgrundstücke 1864.	1867.	Bewohner 1864.	1867.	Ortsnamen.	Zahl der bewohnten Hausgrundstücke 1864.	1867.	Bewohner 1864.	1867.

Regierungs-Bezirk Leipzig. (Fortsetzung.)

III. Amtshauptmannschaft Rochlitz. (Fortsetzung.)

G.-A. Rochlitz. (Fortsetzung.) | G.-A. Rochlitz. (Fortsetzung.)

Ortsnamen	1864	1867	1864	1867	Ortsnamen	1864	1867	1864	1867
Fischheim	16	16	117	108	Obergräfenhain	85	84	527	546
Gepülzig	18	18	114	120	Penna	20	20	145	140
Göhren	27	27	163	156	Poppitz	12	12	79	80
Göppersdorf	21	21	147	131	Pürsten	16	16	94	104
Gröblitz	25	25	163	159	Rathendorf	74	75	481	446
Gröbschütz	23	23	157	149	Sachsendorf	22	23	154	164
Großmilkau	40	39	249	241	Schönfeld	26	26	146	151
Großstädten	13	13	85	94	Seebitzschen	5	6	34	39
Haide	4	5	23	21	Seelitz	20	20	105	104
Hartha	23	23	122	115	Seitenhain	39	39	262	256
Himmelhartha	20	21	116	120	Sörnzig	24	22	136	130
Kleinmilkau	47	47	295	281	Spernsdorf	14	14	98	97
Kleinstädten	7	8	53	58	Steudten	16	16	97	112
Königsfeld	37	37	260	298	Stöbnig	13	13	106	103
Köttern	11	11	71	74	Stollsdorf	26	26	162	172
Köttwitzsch	21	21	145	151	Theesdorf	17	16	85	88
Kollau	52	52	269	253	Wechselburg	170	170	1379	1404
Methau	50	51	356	395	Weidig	15	14	91	95
Meusen	14	15	102	101	Weißbach	22	22	146	152
Mutzscheroda	20	20	154	179	Wittgendorf	10	10	82	91
Naundorf	33	34	177	177	Zaßnitz	23	23	118	121
Neudörfchen	4	4	14	15	Zetteritz	56	57	298	291
Neugepülzig	13	13	51	60	Zettlitz	31	32	221	230
Neukönigsfeld	21	22	115	129	Zöllnitz	11	12	82	77
Neumilkau	20	20	116	128	Zschaagwitz	18	18	137	101
Neuwerder	19	19	96	104	Zschauitz	6	6	50	46
Röbeln	15	15	98	86	Za.	2187	2200	16166	16499
Roßwig	63	63	399	415					

IV. Amtshauptmannschaft Döbeln.

Ger.-Amt Döbeln. | G.-A. Döbeln. (Fortsetzung.)

Ortsnamen	1864	1867	1864	1867	Ortsnamen	1864	1867	1864	1867
Döbeln	614	621	8654	9666	Treißig	26	26	190	192
Auterwitz	8	8	78	62	Türrweitzschen	19	20	133	150
Baderitz	35	35	218	234	Ebersbach	75	75	462	492
Beutig	2	2	27	22	Forchheim	17	17	122	119
Bischofswiese	2	2	10	10	Gadewitz	21	20	172	159
Bormitz	7	7	61	61	Gärtitz	45	46	353	345
Toschütz	6	6	51	46	Gleisberg	7	7	58	60

Ortsnamen.	Zahl der bewohnten Hausgrundstücke 1864.	1867.	Bewohner 1864.	1867.	Ortsnamen.	Zahl der bewohnten Hausgrundstücke 1864.	1867.	Bewohner 1864.	1867.

Regierungs-Bezirk Leipzig. (Fortsetzung.)
IV. Amtshauptmannschaft Döbeln. (Fortsetzung.)

G.-A. Döbeln. (Fortsetzung.)					G.-A. Döbeln. (Fortsetzung.)				
Gohris	12	16	130	158	Ostrau	42	46	436	479
Goselitz	41	41	318	288	Ottewig	31	31	238	261
Großbauchlitz	33	37	434	534	Pommlitz	7	6	56	30
Großsteinbach	5	5	31	36	Präbschütz	36	36	233	241
Hermsdorf	21	20	155	199	Prüfern	26	26	183	176
Höckendorf	17	18	112	122	Rebernitz	11	11	104	85
Jeßnitz	7	7	48	40	Rittmitz	40	40	289	289
Kattnitz	39	39	273	315	Schallhausen	17	17	128	124
Keuern	31	33	221	253	Schlagwitz	6	6	55	44
Kleinbauchlitz	25	23	175	190	Schweta	1	3	48	53
Kleinmockritz	13	13	90	102	Simselwitz	29	29	210	221
Kobelsdorf	6	6	28	31	Sörmitz	62	62	526	606
Limmritz	37	37	231	244	Stockhausen	25	25	174	169
Lüttewitz	28	29	199	214	Strölla	3	2	36	45
Lützschnitz	4	4	40	37	Technitz	25	27	280	306
Masten	23	24	199	213	Trebanitz	8	8	79	78
Merschütz	11	11	94	97	Tronitz	9	9	77	85
Miera	10	11	69	62	Vößledorf	8	8	61	59
Mischütz	11	11	71	64	Ziegra	44	44	329	328
Mochau	40	43	327	336	Zschackwitz	12	13	109	126
Mockritz	71	71	488	472	Zschäschütz	16	16	125	119
Möbertitz	11	12	102	95	Zschaitz	39	42	290	311
Möckwitz	3	3	28	37	Zschepplin	20	20	130	432
Münchhof	4	4	34	28	Zunschwitz	21	21	161	169
Nauslitz	18	18	110	103	Zweinig	10	10	80	78
Neudorf	34	36	175	196	Sa.	2210	2248	20981	22522
Neugreußnig	16	16	160	180					
Neumannsdorf	38	38	229	243	Ger.-Amt Geringswalde.				
Niederranschütz	6	6	62	61					
Niedersteina	10	10	49	52	Gerings- walde	284	285	2779	2831
Niederwutzschwitz	6	6	56	56	Aitzendorf	24	25	182	160
Niederzschörnewitz	3	4	38	52	Altgeringswalde	77	78	537	553
Rothschütz	8	8	83	79	Arras	52	54	322	329
Noschkowitz	38	38	309	315	Crossen	128	130	770	744
Obergoseln	5	5	48	48	Tittmannsdorf	39	38	250	247
Oberranschütz	27	28	209	227	Hermsdorf	50	52	316	363
Obersteinbach	45	45	290	311	Hilmsdorf	33	33	212	209
Oberwutzschwitz	17	17	169	151	Holzhausen	18	16	116	98
Oberzschörnewitz	5	5	61	59					

Ortsnamen.	Zahl der bewohnten Hausgrundstücke		Bewohner		Ortsnamen.	Zahl der bewohnten Hausgrundstücke		Bewohner	
	1864.	1867.	1864.	1867.		1864.	1867.	1864.	1867.

Regierungs-Bezirk Leipzig. (Fortsetzung.)
IV. Amtshauptmannschaft Döbeln. (Fortsetzung.)

G.-A. Geringswalde. (Fortsetzung.)

Ortsnamen.	1864.	1867.	1864.	1867.
Hoyersdorf ..	19	19	120	117
Kloster-Geringswalde	84	84	514	539
Neuwallwitz ..	48	48	255	278
Schweickershain	80	81	516	514
Sa.	936	943	6919	6982

Ger.-Amt Hainichen.

Ortsnamen.	1864.	1867.	1864.	1867.
Hainichen..	565	604	7053	7713
Berbersdorf..	67	73	564	603
Berthelsdorf	89	96	826	894
Bockendorf..	50	49	413	409
Crumbach...	64	63	612	615
Cunnersdorf.	48	47	364	391
Eulendorf...	36	36	235	241
Falkenau ...	36	34	248	236
Gersdorf ...	46	46	271	301
Goßberg ...	25	25	181	182
Hammermühle	1	1	31	37
Kaltofen ...	22	22	200	207
Langenstriegis	111	113	937	976
Mobendorf ..	99	102	763	723
Ottendorf...	72	75	681	745
Pappendorf ..	83	85	630	691
Riechberg ...	94	94	698	693
Schlegel ...	50	53	405	401
Sa.	1558	1618	15112	16058

Ger.-Amt Hartha.

Ortsnamen.	1864.	1867.	1864.	1867.
Hartha ...	252	258	2507	2651
Aschershain ..	36	36	201	206
Diedenhain ..	29	29	211	193
Flemmingen..	32	33	226	259
Gersdorf ...	133	133	831	843
Kieselbach ...	21	22	149	135
Langenau ...	60	60	343	335

G.-A. Hartha. (Fortsetzung.)

Ortsnamen.	1864.	1867.	1864.	1867.
Nauhain ...	34	34	233	232
Pischwitz....	2	2	11	20
Quedhain :..	16	15	79	81
Richzenhain ..	49	49	397	404
Saalbach ...	17	16	117	121
Schönerstädt .	41	41	261	244
Steina	38	38	349	341
Töpeln	21	21	146	153
Wallbach ...	46	48	287	287
Sa.	826	835	6341	6505

Ger.-Amt Leisnig.

Ortsnamen.	1864.	1867.	1864.	1867.
Leisnig ...	609	626	6011	6947
Altenhof....	38	38	286	303
Altleisnig...	25	24	126	131
Beiersdorf...	22	22	171	154
Bodelwitz...	31	31	206	201
Bocksdorf...	41	41	246	281
Böhlen	75	76	478	479
Börtewitz...	49	49	313	308
Brösen	41	42	280	286
Clennen ...	16	16	141	134
Tobernitz ...	9	9	62	54
Toberquitz ..	9	9	59	67
Doberschwitz..	12	12	87	79
Traschwitz...	43	43	267	285
Türmeitschen	32	33	240	249
Eichardt....	21	22	145	143
Fischendorf ..	35	37	287	332
Frauendorf ..	18	18	112	119
Görnitz	9	10	72	75
Gorschmitz...	54	54	357	376
Großpelsen ..	12	12	91	91
Großweitzschen..	67	70	531	546
Heydorf....	8	8	58	57
Kalthausen ..	7	7	34	38
Keiselwitz ...	26	26	168	148
Kleinpelsen ..	14	16	105	102
Kleinweitzschen	10	10	98	109

Regierungs-Bezirk Leipzig. (Fortsetzung.)
IV. Amtshauptmannschaft Döbeln. (Fortsetzung.)

Ortsnamen.	Zahl der bewohnten Hausgrundstücke 1864.	1867.	Bewohner 1864.	1867.	Ortsnamen.	Zahl der bewohnten Hausgrundstücke 1864.	1867.	Bewohner 1864.	1867.
G.-A. Leisnig. (Fortsetzung.)					**Ger.-Amt Mügeln.**				
Kloster-Buch	16	16	187	193	Mügeln	280	281	2562	2573
Korpitzsch	19	19	130	134	Altmügeln	30	30	171	176
Kroptewitz	54	54	287	288	Auerschütz	14	14	116	119
Kuckeland	11	11	90	76	Baderitz	12	12	116	99
Lauschka	16	17	112	130	Bennewitz	23	24	124	136
Leipnitz	54	51	323	343	Berntitz	16	16	91	100
Leuterwitz	13	14	88	91	Crellenhain	49	50	419	375
Marschwitz	34	36	202	217	Täbritz	10	10	71	73
Meinitz	31	34	218	210	Telmschütz	8	8	85	98
Minkwitz	36	37	228	237	Töhlen	2	2	30	29
Motterwitz	26	25	178	185	Gallschütz	46	48	333	337
Muschau	12	12	97	94	Gaschütz	2	2	32	24
Rauberg	32	33	234	232	Gaudlitz	7	7	74	67
Raundorf	44	46	312	324	Glossen	43	42	231	223
Raunhof	28	29	219	231	Göldnitz	5	5	52	41
Neudörfchen	6	6	51	49	Görlitz	10	10	104	102
Nicollschwitz	10	9	73	71	Graumnitz	2	2	29	28
Ostrau	11	11	83	78	Grauschwitz	4	4	49	52
Papsdorf	17	18	99	119	Gröppendorf	41	40	285	283
Paubritzsch	3	3	45	45	Großschlatitz	8	8	45	48
Poischwitz	7	7	59	61	Kemmlitz	16	17	127	125
Polbig	35	34	199	200	Kiebitz	95	94	776	700
Pollenberg	1	1	12	17	Kleinschlatitz	4	4	21	20
Röda	20	21	130	142	Lichteneichen	21	20	154	147
Scheergrund	5	5	33	37	Lüttnitz	5	5	61	62
Seidewitz	23	23	130	144	Mahris	3	3	41	39
Seifersdorf	46	46	306	305	Nebitzschen	6	7	52	59
Sitten	34	34	222	231	Neubaderitz	16	16	111	112
Tautenborf	23	22	172	177	Neusorge	12	12	87	79
Tragnitz	38	40	280	294	Neusornzig	40	41	224	223
Wendishain	86	87	634	623	Niedergoseln	29	29	244	225
Westewitz	13	15	100	109	Niederlützschera	8	8	72	64
Wiesenthal	32	32	211	227	Oberlützschera	6	6	61	55
Zennewitz	3	3	20	20	Obersteina	33	33	264	294
Zschwitz	8	8	54	56	Odritz	1	1	11	10
Zollschwitz	11	11	77	88	Oetzsch	28	28	220	211
Zschochau	11	11	76	73	Paschkowitz	13	14	80	94
Zschoppach	48	46	339	313	Poppitz	7	6	50	43
Sa.	**2253**	**2288**	**17311**	**18558**	Schlagwitz	11	11	100	105
					Schlanzschwitz	16	16	90	97

Ortsnamen.	Zahl der bewohnten Hausgrundstücke 1864.	1867.	Bewohner 1864.	1867.	Ortsnamen.	Zahl der bewohnten Hausgrundstücke 1864.	1867.	Bewohner 1864.	1867.

Regierungs-Bezirk Leipzig. (Fortsetzung.)
IV. Amtshauptmannschaft Döbeln. (Fortsetzung.)

G.-A. Mügeln. (Fortsetzung.)

	1864	1867	1864	1867
Schleben	12	12	92	89
Schrebitz	79	78	675	641
Schwednitz	3	3	40	47
Schweta	23	23	200	199
Selitz	16	15	112	102
Sönnitz	7	7	72	72
Sornzig	51	50	343	325
Strocken	29	29	186	196
Töllschütz	6	6	49	51
Wetitz	9	9	62	68
Wollsdorf	13	13	84	81
Zävertitz	16	16	136	125
Zschwitz	20	20	155	146
Zschannewitz	4	4	33	49
Sa.	1270	1271	10104	9938

Ger.-Amt Roßwein.

Roßwein	572	592	6561	7287
Arnsdorf	73	75	549	606
Böhrigen	59	58	898	883
Dittersdorf	24	23	171	184
Etzdorf	118	117	949	1017
Geredorf	13	12	215	259
Gertitzsch	20	19	122	113
Gleisberg	103	103	671	764
Greifendorf	91	91	644	632
Grünroda	2	2	13	19
Grunau	28	28	260	261
Haßlau	57	59	387	384
Hohenlauft	10	10	82	98
Littdorf	34	34	249	270
Mahlitzsch	23	21	188	217
Marbach	242	245	2050	2066
Moosheim	45	44	300	293
Naundorf	29	30	184	185
Niederstriegis	24	24	203	224
Ossig	15	15	106	110
Schmalbach	41	44	316	335

G.-A. Roßwein. (Fortsetzung.)

Seifersdorf	62	63	406	402
Theesschlitz	20	20	156	154
Troischau	4	4	58	66
Ullrichsberg	14	15	102	106
Wettersdorf	25	26	160	160
Sa.	1748	1774	16000	17095

Ger.-Amt Waldheim.

Waldheim	349	373	5593	5936
Beerwalde	48	50	326	306
Ehrenberg	67	65	468	517
Gebersbach	38	38	244	247
Gielsberg	3	3	25	34
Grünlichtenberg	88	88	694	661
Heida	40	40	186	201
Heiligenborn	9	9	63	60
Höckendorf	28	28	169	178
Höfchen	15	15	93	96
Knobelsdorf	29	28	262	233
Kriebethal	47	47	333	355
Kriebstein	9	8	81	82
Massanei	57	57	330	312
Massanei, Vorw.	6	6	43	44
Meinsberg	29	29	208	201
Moritzfeld	6	6	27	27
Neudörfchen	7	7	50	43
Neuhausen	15	15	91	106
Neuschönberg	7	7	47	45
Oberrauschenthal	6	6	31	41
Otzdorf	48	48	347	318
Reichenbach	62	62	444	467
Reinsdorf	90	92	570	575
Rubelsdorf	37	37	262	257
Schönberg	29	29	234	219
Storlwald	4	4	13	15
Unterrauschenthal	7	7	42	43
Sa.	1180	1203	11276	11619

Regierungs-Bezirk Zwickau.

I. Amtshauptmannschaft Chemnitz.

Ortsnamen.	Zahl der bewohnten Hausgrundstücke 1864.	1867.	Bewohner 1864.	1867.	Ortsnamen.	Zahl der bewohnten Hausgrundstücke 1864.	1867.	Bewohner 1864.	1867.
Ger.-Amt Augustusburg.					**G.-A. Chemnitz.** (Fortsetzung.)				
Schellenberg	143	143	1935	1943	Borna	76	77	861	950
Bernsdorf	17	16	254	258	Traisdorf	18	20	161	189
Börnichen	80	83	828	827	Eibenberg	78	78	861	919
Borstendorf	133	139	1242	1272	Einsiedel	139	141	1675	1678
Colonie Teubsdorf	6	6	70	49	Erfenschlag	54	54	745	792
Cunnersdorf	40	41	412	450	Furth	50	50	1009	1182
Torfschellenberg	78	79	912	910	Gablenz	133	168	2259	3131
Eppendorf	225	226	1856	1860	Glösa	40	40	522	532
Erdmannsdorf	95	95	1090	1079	Grüna	249	254	3127	3161
Euba	164	166	1854	1935	Harthau	109	108	1635	1604
Falkenau	59	59	709	1019	Heinersdorf	19	19	161	185
Flöha	75	82	1061	1207	Helbersdorf	30	30	387	426
Großwaltersdorf	129	130	954	956	Hilbersdorf	63	72	954	969
Grünberg	46	46	506	576	Kappel	57	78	1084	1567
Grünhainichen	142	143	1782	1762	Klaffenbach	112	113	1371	1369
Gückelberg	37	38	560	607	Leukersdorf	172	174	1551	1628
Hennersdorf	16	49	517	501	Markersdorf	82	83	787	814
Hohenfichte	29	29	390	431	Mittelbach	159	162	1666	1729
Jägerhof	19	19	243	243	Neukirchen	274	281	3168	3322
Kleinhartmannsdorf	82	82	585	579	Neustadt	63	63	900	949
Leubsdorf	168	169	1772	1800	Niederhermersdorf	52	53	612	645
Warbach	76	76	812	795	Niederrabenstein	162	163	1912	1965
Metzdorf	19	19	217	229	Oberhermersdorf	87	91	984	1009
Plaue	47	50	594	670	Oberrabenstein	60	61	650	660
Waldkirchen	127	130	1635	1635	Olbersdorf	53	53	511	528
Zschopenthal	13	15	206	199	Reichenbrand	161	166	2109	2126
					Reichenhain	87	86	1010	1032
Sa.	2095	2130	23026	23792	Rottluff	63	65	669	745
					Schloß-Chemnitz	155	181	4111	5116
					Schönau	103	105	1706	1739
Ger.-Amt Chemnitz.					Siegmar	35	39	423	524
Chemnitz	1961	2071	54827	58573	Stelzendorf	83	85	749	762
Adorf	95	96	888	981					
Altchemnitz	116	123	1622	1695	Sa.	5493	5762	101355	108937
Altenborf	73	82	1247	1437					
Altenhain	65	64	700	695	**Ger.-Amt Frankenberg.**				
Berbisdorf	57	57	686	708	Frankenberg	550	580	8484	9408
Bernsdorf	18	53	726	892	Altenhain	42	43	312	412

Ortsnamen.	Zahl der bewohnten Hausgrundstücke 1864.	1867.	Bewohner 1864.	1867.	Ortsnamen.	Zahl der bewohnten Hausgrundstücke 1864.	1867.	Bewohner 1864.	1867.

Regierungs-Bezirk Zwickau. (Fortsetzung.)

I. Amtshauptmannschaft Chemnitz. (Fortsetzung.)

G.-A. Frankenberg. (Fortsetzung.)

Ortsnamen.	1864	1867	1864	1867
Auerswalde	186	189	1493	1496
Braunsdorf	16	17	128	169
Tittersbach	51	55	121	478
Ebersdorf	126	126	1064	1121
Garnsdorf	116	122	816	870
Gunnersdorf	28	29	318	357
Hausdorf	43	43	305	301
Irbersdorf	42	43	297	305
Lichtenwalde	60	61	611	774
Merzdorf	51	53	425	448
Mühlbach	84	85	705	746
Neudörfchen	27	28	176	235
Niederlichtenau	93	102	793	858
Niederwiesa	64	70	586	722
Oberlichtenau	51	53	398	402
Oberwiesa	91	98	978	1089
Ortelsdorf	16	16	115	148
Sachsenburg	70	72	648	817
Sa.	1809	1885	19163	21186

Ger.-Amt Limbach.

Bräunsdorf, anth.	11	11	76	73
Fichtigenthal	23	24	198	219
Jahnshorn	9	9	46	37
Kändler, Amtsanth.	50	54	527	547
Kändler, Rittergutsanth.	52	54	618	640
Kreuzeiche	6	9	54	101
Limbach	351	392	5319	5921
Löbenhain	60	59	541	504
Mittelfrohna	111	113	1018	1052
Murschnitz	17	17	106	90
Niederfrohna	91	92	737	768
Oberfrohna	129	138	1360	1596
Pleisa	162	166	1652	1772
Röhrsdorf	173	178	1512	1647

G.-A. Limbach. (Fortsetzung.)

	1864	1867	1864	1867
Wittgensdorf	260	276	2781	3083
Wüstenbrand	111	112	1200	1237
Sa.	1616	1704	17745	19287

Ger.-Amt Oederan.

Oederan	415	431	5376	5997
Börnichen	44	44	368	394
Breitenau	41	45	456	521
Frankenstein	57	57	414	541
Gahlenz	154	154	1188	1201
Görbersdorf	44	44	393	445
Hartha	43	43	310	316
Hetzdorf	13	22	126	374
Kirchbach	46	47	383	388
Memmendorf	65	66	520	699
Schönerstädt	87	86	667	700
Thiemendorf	64	66	700	869
Wingendorf	33	33	307	302
Sa.	1109	1138	11298	12747

Ger.-Amt Stollberg.

Stollberg	415	427	5263	5788
Abtei-Oberlungwitz	94	97	1062	1071
Auerbach	115	119	1241	1360
Brünlos	82	84	773	831
Burkhardtsdorf	233	240	2701	2830
Dorfchemnitz	94	95	1001	1050
Erlbach	83	86	822	856
Gablenz	62	67	530	584
Gornsdorf	98	106	1198	1287
Günsdorf	14	14	173	176
Hoheneck	50	53	554	836
Hormersdorf	107	110	1265	1311
Jahnsdorf	170	174	1833	1954
Kirchberg	57	56	624	652

Regierungs-Bezirk Zwickau. (Fortsetzung.)

I. Amtshauptmannschaft Chemnitz. (Fortsetzung.)

G.-A. Stollberg. (Fortsetzung.)

Ortsnamen.	bewohnte Hausgrundstücke 1864.	1867.	Bewohner 1864.	1867.
Lugau	144	155	1920	2103
Meinersdorf	88	92	973	1025
Mitteldorf	75	79	605	687
Neuwiese	51	51	614	608
Niederdorf	90	91	967	987
Niederwürschnitz	111	115	1734	1829
Niederzwönitz	228	238	2426	2512
Oberdorf	39	41	266	263
Oberwürschnitz	71	72	801	826
Oelsnitz, anth.	231	245	3030	3226
Pfaffenhain	34	35	293	300
Seifersdorf	45	46	388	400
Thalheim	197	205	2623	2879
Ursprung	69	69	696	716
Sa.	3147	3263	36276	38947

Ger.-Amt Zschopau.

Ortsnamen.	bewohnte Hausgrundstücke 1864.	1867.	Bewohner 1864.	1867.
Zschopau	576	579	7858	7821
Tittersdorf	128	127	1481	1468
Tittmannsdorf	93	90	870	927
Gornau	85	86	1035	1084
Remtau	59	59	692	745
Krumhermersdorf	200	210	2138	2280
Forschendorf	46	46	548	551
Weißbach	131	132	1537	1559
Witschdorf	89	90	1002	1042
Sa.	1407	1419	17161	17477

II. Amtshauptmannschaft Zwickau.

Ger.-Amt Crimmitschau.

Ortsnamen.	bewohnte Hausgrundstücke 1864.	1867.	Bewohner 1864.	1867.
Crimmitschau	809	910	12248	13670
Carthause	18	20	170	193
Culten	9	9	79	84
Dänkritz	25	25	195	177
Dennheritz, anth.	1	7	7	8
Frankenhausen	69	70	586	620
Gablenz	69	71	543	611
Gösau	33	33	199	201
Gösel, sächs. Anth.	4	4	39	41
Harthau	20	21	181	161
Heiersdorf	45	45	308	293
Kleinhessen	27	27	172	166
Kniegasse	12	12	135	151
Langenreinsdorf	113	114	818	816
Lauenhain	40	40	273	278
Lauterbach	58	63	467	477
Leitelshain	72	75	728	777

G.-A. Crimmitschau. Fortsetzung.

Ortsnamen.	bewohnte Hausgrundstücke 1864.	1867.	Bewohner 1864.	1867.
Naundorf	21	21	137	151
Neukirchen	16	18	117	174
Nichzenhain	11	11	52	50
Niedergrünberg	34	34	240	237
Obergrünberg	57	57	407	423
Rubelswalde	50	50	362	440
Schiebel	31	31	227	234
Schweineburg	49	50	450	450
Tempel-Frankenhausen	37	37	313	319
Thonhausen, sächs. Anth.	11	10	76	77
Ungewiß	4	4	36	36
Wahlen	74	85	861	1098
Waldsachsen, anth.	28	28	208	182
Sa.	1847	1976	20634	22615

Ortsnamen.	Zahl der bewohnten Hausgrundstücke 1864. 1867.		Bewohner 1864. 1867.		Ortsnamen.	Zahl der bewohnten Hausgrundstücke 1864. 1867.		Bewohner 1864. 1867.	

Regierungs-Bezirk Zwickau. (Fortsetzung.)
II. Amtshauptmannschaft Zwickau. (Fortsetzung.)

Ger.-Amt Eibenstock.

	1864	1867	1864	1867
Eibenstock..	420	418	6400	6205
Carlsfeld...	97	98	1125	1155
Hundshübel..	131	132	1433	1450
Muldenhammer	4	4	55	46
Reibhardtsthal	15	15	172	191
Neuhaide...	34	32	343	313
Oberstützengrün	150	152	1348	1450
Schönhaide..	432	434	4598	4704
Schönhaider Hammer..	36	35	447	446
Sosa	164	163	1773	1780
Unterblauenthal	26	21	291	286
Unterstützengrün	77	76	875	904
Weiters Glashütte....	10	10	133	123
Wildenthal..	43	43	517	517
Wolfsgrün..	8	7	103	91
Sa.	1647	1640	19613	19661

Ger.-Amt Johanngeorgenstadt.

Johanngeorgenstadt	109	191	3742	2402
Breitenbrunn.	190	192	1913	2167
Breitenhof..	16	16	158	201
Jugel.....	34	34	236	401
Steinbach...	19	19	183	227
Steinheidel..	22	21	174	232
Wittigsthal...	28	29	262	457
Sa.	718	502	6668	6087

Ger.-Amt Kirchberg.

Kirchberg..	460	499	5496	5668
Bärenwalde...	167	169	1526	1589
Burkersdorf...	71	77	596	629
Culitzsch....	61	65	693	700
Cunnersdorf.	38	44	394	437

G.-A. Kirchberg. (Fortsetzung.)

Ziegengrün..	19	20	124	124
Haara.....	13	13	113	129
Hartmannsdorf	145	146	1189	1186
Hirschfeld...	95	96	616	659
Jahnsgrün..	2	2	17	17
Lauterhofen..	25	25	166	160
Lauterholz...	4	4	28	26
Leutersbach..	52	52	373	371
Lichtenau...	71	72	686	649
Niedercrinitz..	78	81	571	585
Obercrinitz...	128	129	1103	1104
Poppenwald..	1	1	7	7
Saupersdorf..	80	81	670	704
Silberstraße..	35	36	368	387
Stangengrün..	147	144	898	890
Voigtsgrün..	29	29	219	200
Wiesen.....	48	50	394	413
Wiesenburg..	62	62	641	768
Wildau.....	120	137	2254	2642
Wolfersgrün..	58	59	422	405
Sa.	2015	2093	19661	20449

Ger.-Amt Lemnie.

Breitenbach...	14	14	89	97
Ebersbach...	22	22	121	120
Franken, anth.	11	11	89	80
Frohnsdorf, sächs. Anth.	1	1	16	17
Hahnitz....	14	14	128	122
Harthau....	13	13	91	91
Hohnersdorf, sächs. Anth..	1	1	8	9
Kertzsch....	20	20	183	174
Kleinhurtsdorf.	23	23	153	156
Lippransdorf, anth.	5	5	41	45
Neukirchen, sächs. Anth.....	13	12	93	76
Niederarnsdorf.	14	14	100	101

Regierungs-Bezirk Zwickau. (Fortsetzung.)
II. Amtshauptmannschaft Zwickau. (Fortsetzung.)

G.-A. Kirchberg. (Fortsetzung.)

Ortsnamen	Zahl der bewohnten Hausgrundstücke 1864	1867	Bewohner 1864	1867
Oberdorf	12	12	101	98
Oberwiera, anth.	10	10	77	76
Oberwinkel	21	21	151	144
Oertelshain	6	6	52	52
Reichenbach	99	102	682	663
Remse	115	117	940	910
Schwaben, anth.	8	8	57	57
Seiferitz, anth.	19	24	318	409
Tettau	23	24	171	191
Thiergarten	21	21	120	111
Tirschheim	25	26	238	209
Uhlmannsdorf	17	47	299	286
Weidensdorf	37	41	271	310
Wiedersdorf, sächs. Anth.	20	20	116	105
Wünschendorf	25	24	174	164
Ziegelheim	89	90	632	605
Sa.	728	743	5511	5478

Ger.-Amt Schneeberg.

Ortsnamen	1864	1867	1864	1867
Aue	160	166	1910	2040
Neustädtel	314	311	3355	3338
Schneeberg	688	686	7987	7899
Albernau	72	74	901	879
Auerhammer	22	25	367	396
Burkhardtsgrün	38	37	315	315
Griesbach	63	62	443	456
Lindenau	93	93	802	821
Neudörfel	6	6	45	53
Niederschlema	85	82	680	691
Oberschlema	133	133	1185	1172
Schindler'sches Blaufarbenwerk	2	3	72	95
Zelle	78	82	928	979
Zschorlau	238	239	2319	2325
Sa.	1992	1993	21309	21459

Ger.-Amt Schwarzenberg.

Ortsnamen	1864	1867	1864	1867
Schwarzenberg	238	247	3151	3259
Beierfeld	123	123	1222	1245
Bermsgrün	159	162	1215	1309
Bockau	177	179	1726	1894
Crandorf	105	108	1017	1037
Erla	12	13	186	210
Großpöhla	111	111	1249	1235
Grünstädtel	51	52	464	489
Hammer-Rittersgrün	61	63	811	883
Kleinpöhla	16	16	257	260
Langenberg	22	27	200	238
Lauter	233	238	2685	2684
Neuwelt	13	43	387	365
Oberrittersgrün	52	53	703	744
Obersachsenfeld	49	50	502	513
Pfeilhammer	11	10	124	125
Raschau	195	199	2237	2297
Unterrittersgrün	69	70	832	890
Untersachsenfeld	6	6	69	71
Wildenau	38	38	305	325
Sa.	1774	1808	19372	20063

Ger.-Amt Werdau.

Ortsnamen	1864	1867	1864	1867
Werdau	774	815	10548	10326
Beiersdorf	108	112	716	730
Blankenhain	98	100	635	729
Churdorf	43	45	268	269
Gospersgrün	41	41	259	269
Grabsdorf, sächs. Anth.	6	6	41	47
Hartmannsdorf	23	23	165	146
Hilbersdorf, sächs. Anth.	6	6	34	32
Kleinbernsdorf	33	33	200	213
Kleinrußdorf	11	11	63	65
Königswalde	71	75	476	500

Regierungs-Bezirk Zwickau. (Fortsetzung.)
II. Amtshauptmannschaft Zwickau. (Fortsetzung.)

Ortsnamen.	Zahl der bewohnten Hausgrundstücke 1864.	1867.	Bewohner 1864.	1867.	Ortsnamen.	Zahl der bewohnten Hausgrundstücke 1864.	1867.	Bewohner 1864.	1867.
G.-A. Werdau. (Fortsetzung.)					**G.-A. Wildenfels.** (Fortsetzung.)				
Langenbernsdorf	245	246	1689	1633	Heinrichsort	81	82	830	885
Langenhessen	175	182	1200	1259	Neudörfel b. Ortmannsdorf, anth.	49	49	465	484
Lengefeld, sächs. Anth.	8	8	50	50	Neudörfel bei Wildenfels, anth.	9	9	43	51
Leubnitz	104	104	1014	1128	Neuwittendorf	18	20	132	153
Liebschwitz	78	78	724	742	Ortmannsdorf, anth.	128	130	1083	1079
Ließsch	12	11	67	66	Pöhlau, anth.	4	4	26	19
Loitzsch	6	6	48	43	Reinsdorf, anth.	161	168	1713	1942
Neudeck, sächs. Anth.	2	2	16	16	Schönau, anth.	54	54	527	521
Niebra	10	10	55	49	Weißbach	248	248	1699	1747
Niederalbertsdorf	68	69	374	358	Zschocken, anth.	124	125	919	988
Oberalbertsdorf	25	25	164	164	**Sa.**	**1390**	**1412**	**13218**	**13726**
Pösneck	12	12	64	64					
Reuth	83	88	608	601	**Ger.-Amt Zwickau.**				
Rüdersdorf, sächs. Anth.	14	14	99	97	Zwickau	1201	1248	22432	24509
Ruppertsgrün	81	82	659	683	Auerbach	45	46	426	452
Rußdorf	39	40	216	223	Bockwa	100	111	1153	1199
Seelingstädt	59	59	362	368	Brand	31	32	299	347
Steinpleis	211	213	1883	1877	Cainsdorf	108	126	2156	2408
Stöcken	93	93	647	672	Crossen	88	95	696	771
Stöcken, Trünzig. Anth.	13	13	108	89	Eberbrunn	165	171	1202	1333
Taubenpreseln	23	30	121	187	Ederbach	23	28	306	363
Trünzig	123	123	844	760	Helmsdorf	24	25	179	180
Waidmannsruhe	2	1	7	6	Lichtentanne	143	147	1062	1191
Waldorf	37	38	240	260	Marienthal	136	140	1671	1780
Wolframsdorf	24	24	194	194	Mosel, anth.	120	121	925	872
Zwirtzschen	26	29	175	188	Niederhohndorf	33	33	180	205
Sa.	**2787**	**2867**	**26093**	**25112**	Niederplanitz	173	180	2889	3084
					Niederschindmaas, anth.	41	40	316	309
Ger.-Amt Wildenfels.					Oberhohndorf	61	66	656	774
Wildenfels	284	285	3186	3225	Oberplanitz	181	204	2746	3025
Friedrichsgrün	119	129	1548	1657	Pöhlau, anth.	20	20	164	181
Grünau	26	26	237	237	Pölbitz	52	56	620	686
Härtensdorf, anth.	85	85	810	737					

Regierungs-Bezirk Zwickau. (Fortsetzung.)
II. Amtshauptmannschaft Zwickau. (Fortsetzung.)

G.-A. Zwickau. (Fortsetzung.)

Ortsnamen.	bewohnten Hausgrundstücke 1864.	1867.	Bewohner 1864.	1867.
Reinsdorf, anth.	15	19	192	229
Schedewitz	143	152	3466	3825
Schneppendorf	15	15	129	116
Schönfels	161	161	1254	1242
Stenn	165	166	1316	1445
Thanhof	39	39	260	276

G.-A. Zwickau. (Fortsetzung.)

Ortsnamen.	bewohnten Hausgrundstücke 1864.	1867.	Bewohner 1864.	1867.
Vielau, anth.	23	24	302	334
Weißenborn	19	20	210	206
Wendischrottmannsdorf	58	59	534	515
Sa.	3389	3544	17714	51857

III. Amtshauptmannschaft Annaberg.

Ger.-Amt Annaberg.

	1864	1867	1864	1867
Annaberg	701	742	10537	11272
Buchholz	303	328	4561	4854
Arnsfeld	151	153	1418	1416
Bärenstein	154	156	1582	1612
Cunnersdorf	61	60	513	653
Frohnau	104	117	1093	1230
Geyersdorf	95	99	879	895
Kleinrückerswalde	59	64	622	707
Königswalde, Amtes.	110	115	1088	1124
Königswalde, Raths.	136	139	1279	1330
Mildenau	236	244	2173	2467
Mittelschmiedeberg	8	8	96	79
Oberschaar	9	9	100	94
Schönfeld	66	69	544	573
Sehma	130	140	1219	1380
Wiesa	162	168	1667	1718
Sa.	2491	2620	29701	31404

Ger.-Amt Ehrenfriedersdorf.

	1864	1867	1864	1867
Ehrenfriedersdorf	286	274	3096	3026
Thum	221	222	2529	2652
Gelenau	337	337	4888	4895

Ger.-Amt Ehrenfriedersdorf. (Fortsetzung)

	1864	1867	1864	1867
Herold	71	71	871	850
Jahnsbach	118	119	1284	1334
Thum	34	35	428	457
Sa.	1067	1058	13096	13214

Ger.-Amt Geyer.

	1864	1867	1864	1867
Geyer	327	340	3919	4260
Dörfel	50	50	401	403
Herrmannsdorf	136	142	1088	1178
Tannenberg	129	135	1230	1254
Sa.	642	667	6638	7095

Ger.-Amt Grünhain.

	1864	1867	1864	1867
Elterlein	222	226	2349	2307
Grünhain	165	165	1702	1694
Zwönitz	235	248	2617	2693
Bernsbach	155	163	1655	1716
Tittersdorf	49	49	359	376
Förstel	1	1	15	10
Haide	6	6	40	36
Kühnhaide	100	103	816	809
Venkersdorf anth.	18	18	130	126
Schwarzbach	54	56	458	437
Waschleithe	50	51	421	454
Sa.	1055	1086	10662	10658

Ortsnamen.	Zahl der bewohnten Hausgrundstücke 1864.	1867.	Bewohner 1864.	1867.	Ortsnamen.	Zahl der bewohnten Hausgrundstücke 1864.	1867.	Bewohner 1864.	1867.

Regierungs-Bezirk Zwickau. (Fortsetzung.)
III. Amtshauptmannschaft Annaberg. (Fortsetzung.)

Ger.-Amt Jöhstadt.

					G.-A. Marienberg. (Fortsetzung.)				
Jöhstadt . .	219	223	2179	2286	Niederschmiede-				
Grunbach . . .	167	168	1268	1291	berg	21	25	227	212
Oberschmiede-					Reitzenhain . .	23	23	227	234
berg	19	16	155	153	Rückerswalde .	33	35	322	312
Satzung . . .	178	185	1611	1688	Schindelbach .	10	10	73	69
Schmalzgrube .	31	33	336	327	Sa.	1093	1097	10333	10468
Steinbach . . .	135	136	1101	1089					
Sa.	749	761	6680	6834					

Ger.-Amt Lengefeld.

					Ger.-Amt Oberwiesenthal.				
Lengefeld . .	250	253	3200	3288	Oberwiesen-				
Forchheim . . .	193	195	1374	1448	thal	176	177	1931	2022
Woresdorf . . .	70	69	535	515	Unterwiesen-				
Haselbach . . .	109	110	709	701	thal	103	103	896	870
Heinzwaldmühle	1	1	1	5	Cranzahl . . .	130	143	1213	1293
Lippersdorf . .	158	159	1095	1202	Hammer-Unter-				
Marterbüschel .	11	11	72	72	wiesenthal .	66	68	675	687
Mittelsaida . .	131	133	871	874	Kretscham-				
Neunzehnhain .	7	7	110	96	Rothensehma	15	16	162	155
Niedersaida . .	79	80	498	504	Neudorf . . .	212	240	1910	1995
Oberjaida . . .	81	83	564	571	Niederschlag . .	31	30	226	230
Pockau . . .	103	106	991	1048	Stahlberg . . .	110	112	1177	1206
Rauenstein . .	9	7	88	81	Tellerhäuser . .	14	14	112	108
Reifland . . .	68	69	632	642	Sa.	857	903	8301	8566
Stolzenhain . .	8	8	54	45					
Wernsdorf . .	60	62	465	472	**Ger.-Amt Scheibenberg.**				
Wünschendorf .	67	69	786	768	Scheibenberg .	166	172	2079	2238
Sa.	1406	1422	12048	12332	Schlettau . .	200	209	2129	2231
					Crottendorf . .	308	328	3182	3278

Ger.-Amt Marienberg.

					Förstelschänke .	1	1	5	4
Marienberg .	508	504	5414	5518	Markersbach . .	15	48	491	466
Boden	18	20	177	184	Mittweida . . .	95	99	1022	1023
Großrückerswalde	179	180	1451	1471	Oberscheibe . .	36	36	253	276
Kühnhaide . .	116	147	1236	1271	Unterscheibe . .	17	46	448	438
Laute	16	48	371	404	Waltersdorf . .	61	65	410	446
Mauersberg . .	106	105	832	793	Sa.	959	1004	10019	10400

Regierungs-Bezirk Zwickau. (Fortsetzung.)
III. Amtshauptmannschaft Annaberg. (Fortsetzung.)

Ortsnamen.	Zahl der bewohnten Hausgrundstücke 1864.	1867.	Bewohner 1864.	1867.	Ortsnamen.	Zahl der bewohnten Hausgrundstücke 1864.	1867.	Bewohner 1864.	1867.
Ger.-Amt Wolkenstein.					**G.-A. Jöhstadt.** (Fortsetzung.)				
Wolkenstein	196	201	2221	2075	Blumenau	59	58	465	499
Drebach	240	245	2600	2645	Einsiedel Sensen-				
Falkenbach	52	53	628	504	hammer	63	51	490	496
Geringswalde	63	63	602	595	Grüntyal	20	20	167	165
Griesbach	64	68	713	736	Grundau	9	9	48	53
Großolbersdorf	211	212	2176	2267	Lauterbach	158	160	1319	1380
Grünau	7	8	64	72	Niederlauterstein	75	76	577	638
Hilmersdorf	98	96	891	881	Niedernaßschung	21	23	181	189
Hohndorf	47	47	403	423	Obernaßschung	31	30	271	280
Hopfgarten	26	27	263	242	Olbernhau	280	285	3070	3257
Neundorf	84	82	734	783	Pobershau,				
Scharfenstein	62	53	747	748	Amtsseite	116	117	821	817
Schönbrunn	70	77	647	686	Pobershau,				
Streckewalde	59	61	609	481	Rathsseite	83	84	592	609
Venusberg	109	106	1224	1164	Rittersberg	33	34	310	312
Wiltsch	5	5	81	71	Rothenthal	62	66	730	737
Sa.	1383	1404	14506	14373	Rübenau	169	167	1547	1556
					Schloßmühle	1	1	9	12
Ger.-Amt Jöhstadt.					Sorgau	64	54	411	460
Jöhstadt	171	172	1777	1824	Sa.	1502	1517	13716	14210
Anspruug	107	110	898	926					

IV. Amtshauptmannschaft Plauen.

	Ger.-Amt Adorf.					G.-A. Adorf. (Fortsetzung.)			
Adorf	317	328	3218	3164	Heißenstein	4	5	31	30
Arnsgrün	36	37	252	243	Hennebach	5	5	27	23
Bärendorf	22	22	193	175	Hohendorf	35	35	284	258
Bärenloh	27	31	169	203	Jugelsburg	58	59	378	391
Bergen	41	44	296	314	Kleedorf	7	8	47	46
Brambach	186	202	1729	1540	Leubetha	38	38	288	254
Carlsgasse	9	9	48	42	Mühlhausen	71	68	516	502
Christiansreuth	6	5	56	40	Oberbrambach	23	23	162	130
Elster	141	147	1206	1171	Obergettengrün	45	44	349	340
Frauengrün	7	7	73	55	Raun	63	68	429	407
Freiberg	37	37	279	294	Raunergrund	17	17	154	128
Gürth	25	23	155	155	Reberereuth	30	34	266	235

Regierungs-Bezirk Zwickau. (Fortsetzung.)
IV. Amtshauptmannschaft Plauen. (Fortsetzung.)

Ortsnamen.	Zahl der bewohnten Hausgrundstücke 1864.	1867.	Zahl der Bewohner 1864.	1867.

G.-A. Adorf. (Fortsetzung.)

Ortsnamen.	1864	1867	1864	1867
Remtengrün	93	90	608	629
Reuth	32	31	237	243
Röthenbach	4	4	22	18
Rohrbach	31	32	182	177
Schönberg	72	78	599	599
Schönlind	36	36	219	225
Siebenbrunn	33	33	213	194
Sohl	99	99	736	749
Strößel	13	13	88	84
Untergetteugrün	27	28	187	182
Weidigt	18	19	136	134
Sa.	1708	1759	13862	13374

Ger.-Amt Auerbach.

Ortsnamen.	1864	1867	1864	1867
Auerbach	317	355	4349	4477
Auerbacher kleine Waldorte, bestehend aus:				
Georgengrün	4	4	35	33
Grünhaide	2	2	23	14
Haideschachen	1	1	6	6
Heßmühle	5	5	76	83
Hirschlecken	5	4	62	42
Hohenhaide	1	1	8	4
Hüttenschachen	9	9	129	105
Reiboldsgrün	2	2	18	18
Sachhaus	2	2	22	27
Zeughaus	11	11	194	177
Zöbisch	2	2	13	14
Beerhaide	45	44	349	349
Brunn	66	66	497	499
Crinitzleithen	11	11	76	72
Tressengrün	11	15	110	105
Gottesberg	41	44	378	383
Hauptbrunn	18	18	139	133
Herlagrün	6	7	91	91

G.-A. Auerbach. (Fortsetzung.)

Ortsnamen.	1864	1867	1864	1867
Hinterhain	27	27	236	267
Hohengrün	13	13	123	120
Jägersgrün	29	30	312	312
Morgenröthe	31	31	512	508
Mühlgrün	32	32	258	256
Pechleisen	13	12	162	164
Rautenkranz	29	30	328	347
Rebesgrün	92	96	755	776
Kempersgrün	117	116	931	965
Reuntengrün	66	70	507	501
Rodewisch	397	400	3340	3386
Rothenkirchen	162	163	1541	1418
Rützengrün	72	72	473	487
Sachsengrund	3	3	46	44
Schuarrianne	88	88	636	593
Sorge	20	20	154	180
Tannenbergsthal	27	27	360	341
Vogelsgrün	28	28	160	165
Wernesgrün	113	112	936	951
Wiedenberg	10	10	76	71
Wildenau	86	87	595	620
Sa.	2017	2070	19016	19114

Ger.-Amt Elsterberg.

Ortsnamen.	1864	1867	1864	1867
Elsterberg	305	310	3557	3416
Brodau	75	75	660	674
Christgrün	24	25	174	178
Coschütz	8	7	79	64
Cunsdorf	22	22	142	149
Feldwiese	17	17	132	132
Gippe	5	5	48	45
Görschnitz, sächs. Anth.	13	13	86	89
Jocketa	29	30	216	184
Kleingera	21	24	183	179
Liebau	17	18	129	130
Losa	19	19	169	191
Noßwitz	25	25	178	171

Ortsnamen.	Zahl der bewohnten Hausgrundstücke 1864.	1867.	Bewohner 1864.	1867.	Ortsnamen.	Zahl der bewohnten Hausgrundstücke 1864.	1867.	Bewohner 1864.	1867.

Regierungs-Bezirk Zwickau. (Fortsetzung.)
IV. Amtshauptmannschaft Plauen. (Fortsetzung.)

G.-A. Elsterberg. (Fortsetzung.)

					Ger.-Amt Klingenthal.				
Kanebdorf...	23	23	154	146	Aschberg...	7	7	57	61
Pfannenstiel..	2	2	6	5	Brunndöbra..	137	140	1709	1739
Reimersgrün.	31	31	205	221	Töhlerwald..	4	4	61	62
Reuth....	8	9	48	50	Georgenthal..	26	30	320	356
Rüdisch....	5	5	36	29	Klingenthal...	202	207	2321	2318
Ruppertsgrün.	95	95	705	691	Rottenhaide.	7	7	48	46
Sachswitz, sächs.					Landesgemeinde	5	5	31	35
Anth....	1	1	8	8	Mühlleithen..	13	13	78	83
Scholas....	19	19	123	130	Obersachsenberg	81	82	822	860
Steinsdorf..	50	50	271	265	Quittenbach..	8	8	75	72
Thürnhof...	4	4	37	30	Steindöbra...	31	33	297	330
Tremnitz...	20	20	116	114	Untersachsenberg	137	143	1346	1456
Trieb.....	16	15	100	86	Winselburg..	3	3	21	28
Wipplas...	3	3	28	21	Zwota....	149	161	1547	1620
					Zwotenthal..	29	34	241	264
Sa.	860	867	7589	7398	Sa.	839	877	8980	9530

Ger.-Amt Fallenstein.									
Fallenstein.	349	355	4890	4851					
Bergen....	125	130	1019	1028	**Ger.-Amt Lengenfeld.**				
Boba.....	2	2	21	21	Lengenfeld..	414	410	4680	4716
Dorfstadt..	79	77	621	658	Abhorn....	16	15	95	90
Ellefeld....	216	219	1932	1856	Grün.....	84	82	728	710
Friedrichsgrün	65	67	651	622	Irfersgrün...	118	118	758	766
Grünbach...	96	99	886	907	Fechtelsgrün.	56	56	285	312
Hammerbrücke.	68	71	663	612	Plohn.....	45	46	360	374
Rottengrün..	51	47	363	332	Röthenbach..	78	79	478	468
Neudorf....	33	33	231	234	Schönbrunn..	49	49	327	321
Neustadt....	79	76	672	577	Waldkirchen..	137	139	880	915
Oberer Jägers-									
wald....	4	5	29	29	Sa.	997	994	8591	8672
Oberlauterbach	55	59	399	412					
Pillmannsgrün	27	28	181	183	**Ger.-Amt Markneukirchen.**				
Poppengrün..	41	44	276	298	Markneu-				
Schönau mit					kirchen...	348	360	3796	4001
Siebenhitz.	30	31	201	217	Bernitzgrün..	21	21	112	106
Siehdichfür..	19	20	149	147	Breitenfeld..	52	52	289	302
Trieb.....	68	69	411	430	Erlbach....	128	132	1058	1111
Werda....	125	132	1035	1106	Eubabrunn..	26	27	203	202
Sa.	1552	1564	14563	14550					

44

Orlsnamen.	Zahl der bewohnten Hausgrundstücke 1864. 1867.	Bewohner 1864. 1867.	Orlsnamen.	Zahl der bewohnten Hausgrundstücke 1864. 1867.	Bewohner 1864. 1867.

Regierungs-Bezirk Zwickau. (Fortsetzung.)
IV. Amtshauptmannschaft Plauen. (Fortsetzung.)

G.-A. Markneukirchen. (Fortsetzung.) **G.-A. Oelsnitz. (Fortsetzung.)**

Ort	1864	1867	1864	1867	Ort	1864	1867	1864	1867
Gopplasgrün	26	25	168	171	Lobbenreuth	10	10	74	65
Gunzen	39	39	247	234	Lottengrün	25	28	177	155
Hetzschen	10	10	82	76	Magwitz	20	20	123	156
Landwüst	90	90	580	630	Oberhermsgrün	48	50	313	319
Wernitzgrün	45	46	350	392	Obermarxgrün	19	19	115	124
Wohlhausen	68	69	448	493	Obertriebel	46	48	270	270
Sa.	853	871	7333	7718	Obertriebelbach	6	6	33	40
					Oberwürschnitz	24	24	131	130
Ger.-Amt Oelsnitz.					Ottengrün	33	33	200	184
					Pabstleithen	79	80	621	614
					Planschwitz	43	43	255	270
					Posseck	83	85	603	644
Oelsnitz	346	364	5289	5728	Raasdorf	33	33	225	228
Altmannsgrün	10	11	66	77	Ramoldsreuth	14	14	82	83
Birkigt	6	7	46	45	Raschau	57	61	462	468
Blosenberg	15	15	85	81	Rosenthal	2	2	12	12
Bobenneukirchen	159	159	1088	1090	Sachsgrün	50	49	320	319
Bösenbrunn	89	88	548	579	Schloditz	30	30	178	187
Burkhardtsgrün	21	20	139	127	Schönbrunn	61	65	420	401
Drehengrün	7	7	61	54	Sützebach	7	7	48	46
Dobeneck	12	15	96	107	Taltitz	89	92	641	660
Tröba	49	49	291	284	Tiefenbrunn	24	25	151	163
Troßdorf	28	32	191	184	Tirpersdorf	106	109	748	755
Ebersbach	43	41	263	253	Tirschendorf	56	57	328	341
Ebersberg	11	11	75	74	Troschenreuth	30	30	165	158
Ebmath	46	50	335	360	Untereichigt	12	12	76	72
Eichicht	77	79	588	596	Unterhermsgrün	11	14	103	116
Engelhardtsgrün	12	11	76	70	Untermarxgrün	30	34	308	351
Gassenreuth	19	19	122	128	Untertriebel	133	136	854	897
Görnitz	25	24	213	206	Unterwürschnitz	57	57	377	367
Göswein	7	6	49	33	Voigtsberg	96	103	1401	1452
Gräben im Thale	2	2	12	10	Wieden	10	12	65	86
Hartmannsgrün	19	18	135	144	Wiedersberg	40	42	261	245
Haselrain	38	40	248	237	Willitzgrün	23	23	144	141
Hasenreuth	3	4	15	13	Paulsdorf	26	28	192	169
Heinersgrün	58	59	340	392	Zettlarsgrün	9	9	71	73
Höllensteg	9	9	76	73	Sa.	2656	2736	21724	22434
Hundsgrün	32	35	200	212					
Kugelreuth	4	3	33	22					
Lauterbach	68	68	507	494					

Regierungs-Bezirk Zwickau. (Fortsetzung.)
IV. Amtshauptmannschaft Plauen. (Fortsetzung.)

Ortsnamen.	Zahl der bewohnten Hausgrundstücke 1864.	1867.	Bewohner 1864.	1867.	Ortsnamen.	Zahl der bewohnten Hausgrundstücke 1864.	1867.	Bewohner 1864.	1867.
Ger.-Amt Pausa.					**G.-A. Plauen.** (Fortsetzung.)				
Mühltroff	211	210	2009	2205	Lauschwitz	66	66	403	384
Pausa	381	384	3585	3724	Lemnitz	30	30	163	145
Demeusel	25	25	110	130	Leinfriesen	13	13	92	92
Trochaus	44	44	221	230	Leinzöbern	14	14	104	103
Trödwein	13	13	87	81	Loschwitz	47	49	298	279
Ebersgrün	65	65	392	397	Robitzschwalde	17	17	128	131
Rasendorf	22	23	122	122	Krebes	32	32	221	216
Kornbach	35	35	198	200	Kröstau	28	29	169	164
Langenbach	84	84	511	531	Kürbitz	62	62	436	444
Langenbuch	56	55	312	321	Leubnitz	108	109	694	657
Linde	15	14	99	94	Lochhaus	1	1	3	3
Mehltheuer	24	24	175	186	Mechelgrün	58	58	363	370
Oberpirl	47	46	278	293	Meßbach	16	17	131	126
Oberreichenau	17	19	206	196	Mißlareuth	59	59	411	423
Ranspach	58	60	390	395	Möschwitz	47	45	269	274
Schönberg	27	27	151	151	Neudörfel	13	14	90	98
Thierbach	83	85	463	483	Neuensalz	71	72	530	502
Unterpirl	21	21	115	114	Oberlosa	71	73	495	477
Unterreichenau	18	18	120	123	Oberneundorf	34	34	201	220
Wallengrün	25	26	150	147	Oberweischlitz	35	35	212	232
Sa.	1271	1278	9724	10123	Pirk	18	18	149	152
					Pöhl	55	55	485	467
Ger.-Amt Plauen.					Reinhardtswalde	12	12	68	68
Plauen	1026	1103	18590	20510	Reinsdorf	24	26	206	210
Altensalz	24	24	173	226	Reißig	16	16	127	118
Berglas	13	14	87	81	Reusa	43	44	370	404
Brand	13	13	78	85	Reuth	60	62	391	422
Chrieschwitz	67	70	588	613	Rodau	95	101	572	588
Tehles	24	24	165	167	Rodersdorf	77	76	547	534
Gansgrün	36	36	244	229	Rodlera	7	7	51	47
Geilsdorf	70	71	480	495	Rößnitz	51	52	291	298
Grobau	46	44	305	310	Röttis	15	16	85	124
Großfriesen	73	73	491	510	Rosenberg	10	10	79	99
Großzöbern	36	36	199	211	Ruderitz	37	38	232	232
Gutenfürst	38	39	227	222	Schneckengrün	66	67	381	388
Haselbrunn	35	34	267	257	Schönlind	23	23	133	129
Helmsgrün	29	29	185	178	Schwand	79	77	479	429
Jößnitz	70	71	487	475	Schwarzenreuth	4	4	20	24
					Sorga	8	9	46	48
					Steins	9	9	60	66

Regierungs-Bezirk Zwickau. (Fortsetzung.)
IV. Amtshauptmannschaft Plauen. (Fortsetzung.)

Ortsnamen.	Zahl der bewohnten Hausgrundstücke 1864.	1867.	Bewohner 1864.	1867.	Ortsnamen.	Zahl der bewohnten Hausgrundstücke 1864.	1867.	Bewohner 1864.	1867.
G.-A. Plauen. (Fortsetzung.)					**G.-A. Reichenbach.** (Fortsetzung.)				
Stelzen, sächs. A.	4	3	24	14	Oberheinsdorf .	56	56	361	351
Stödigt bei Grobau . .	3	3	18	16	Obermylau . .	19	17	167	136
Stödigt bei Plauen . . .	40	42	248	235	Oberneumark .	40	40	268	246
Straßberg . .	34	33	258	245	Oberreichenbach	143	150	1181	1329
Syrau	98	99	669	673	Römersgrün .	26	26	194	182
Tauschwitz . .	5	5	31	32	Rotschau . . .	69	71	610	620
Theuma	124	129	1033	994	Schneidenbach .	62	66	420	464
Thiergarten . .	35	33	281	308	Schönbach . .	86	90	582	602
Thossen	29	30	167	160	Unterheinsdorf	90	95	609	670
Thoßfell	61	62	476	493	Unterneumark .	19	19	151	138
Tobertitz . . .	63	63	390	381	Sa.	2618	2648	25611	26753
Türbel	9	9	40	40					
Unterlosa . . .	55	56	388	378	**Ger.-Amt Schöneck.**				
Unterneundorf .	28	29	220	229	Schöneck . .	186	187	2751	2895
Unterweischlitz .	64	65	445	412	Arnoldsgrün .	72	72	428	423
Voigtsgrün . .	17	18	118	110	Brotenfeld .	19	19	94	88
Jobes	65	63	388	379	Eschenbach . .	35	35	262	262
Jschockau . . .	37	38	255	247	Hermsgrün . .	46	48	296	289
Zwoschwitz . .	18	18	131	126	Korna	15	16	101	113
Sa.	3920	4030	38340	40228	Marieney . . .	127	126	735	730
					Saalig	33	34	195	195
Ger.-Amt Reichenbach.					Schilbach . . .	54	54	357	364
Mylau . . .	320	337	4136	4144	Wulbe . . . (Zerstreut liegende, mitunter bestehend aus)	7	7	56	52
Netzschkau . .	243	250	3086	3170	Wulbenberg .	13	13	155	147
Reichenbach .	970	1041	10966	11713	Saubachhäuser .	2	2	23	23
Altrottmannsdorf	21	21	169	170	Tannenhaus .	1	1	16	7
Brunn	46	48	333	336	Zachariashaus .	1	1	7	10
Cunsdorf . . .	34	35	208	242	Wohlbach . . .	41	42	266	262
Erlmühle . . .	17	17	109	114	Sa.	652	657	5742	5860
Foschenroda . .	20	20	137	132					
Friesen	19	22	186	213	**Ger.-Amt Treuen.**				
Hauptmannsgrün	91	94	619	645	Treuen . . .	517	550	5356	5238
Lambzig . . .	11	14	104	95	Altmannsgrün	60	60	372	398
Neumark . . .	113	119	985	1001	Buch	10	10	54	54

Regierungs-Bezirk Zwickau. (Fortsetzung.)
IV. Amtshauptmannschaft Plauen. (Fortsetzung.)

Ortsnamen.	Zahl der bewohnten Hausgrundstücke 1864.	1867.	Bewohner 1864.	1867.	Ortsnamen.	Zahl der bewohnten Hausgrundstücke 1864.	1867.	Bewohner 1864.	1867.
G.-A. Treuen. (Fortsetzung.)					**G.-A. Treuen.** (Fortsetzung.)				
Buchwald	26	20	228	247	Pfaffengrün	62	66	566	523
Eich	81	84	522	502	Schreiersgrün	75	79	598	628
Gospersgrün	30	32	252	204	Unterlauterbach	34	35	208	229
Hartmannsgrün	72	74	584	548	Weitenhäuser	14	14	142	136
Herlasgrün	47	50	345	332	Weißensand	38	38	320	311
Kleinweißensand	11	11	66	70	Wetzelsgrün	23	22	160	157
Limbach	127	130	1211	1258	Wolfspfütz	19	19	164	164
Mahnbrück	16	16	108	102	Sa.	1317	1344	11477	11316
Mühlwand	10	11	128	132					
Perlas	16	14	93	83					

V. Schönburg'sche Recessherrschaften.

Ortsnamen.	1864.	1867.	1864.	1867.	Ortsnamen.	1864.	1867.	1864.	1867.
Ger.-Amt Glauchau.					**G.-A. Glauchau.** (Fortsetzung.)				
Glauchau	1375	1427	19296	19868	Wernsdorf	95	98	923	898
Albertsthal	38	37	382	367	Wulm	17	18	149	136
Berthelsdorf	11	14	94	93	Sa.	2669	2756	29851	30825
St. Egidien	213	218	1674	1707					
Elzenberg	6	6	33	30	**Ger.-Amt Hartenstein.**				
Gesau	72	77	764	886					
Göckendorf	23	28	219	289	Hartenstein	233	236	2492	2506
Hölzel	18	17	173	163	Beutha	91	94	668	710
Jerisau	30	32	269	263	Hartmannsdorf, anth.	14	14	114	113
Kleinbernsdorf	7	7	45	51	Langenbach	67	68	466	533
Lipprandis, anth.	21	21	123	137	Lerchenberg	16	16	84	93
Lobsdorf	68	68	468	462	Müllsen St. Niclas	247	258	2844	2916
Niederlungwitz	170	172	1295	1314	Neudörfel bei Wildenfels, anth.	4	4	24	21
Niedermülsen	55	56	423	415	Niederhaßlau	117	122	2018	2250
Niederschindmaas, anth.	7	7	54	55	Oberhaßlau	50	51	484	556
Obermosel, anth.	38	38	220	218	Oelsnitz, anth.	41	43	462	513
Oberrothenbach	39	39	263	255	Ortmannsdorf, anth.	23	25	180	225
Reinholdshain	72	70	539	518	Raum	59	60	415	454
Rothenbach	54	64	392	622					
Schlunzig	48	49	335	325					
Schönbörnchen	10	10	71	72					
Thurm	148	152	1392	1422					
Voigtlaide	31	31	255	259					

Regierungs-Bezirk Zwickau. (Fortsetzung.)

V. Schönburg'sche Recetzherrschaften. (Fortsetzung.)

G.-A. Hartenstein. (Fortsetzung.)

Ortsnamen.	Zahl der bewohnten Hausgrundstücke 1864.	Zahl der bewohnten Hausgrundstücke 1867.	Bewohner 1864.	Bewohner 1867.
Rosenthal	22	22	328	322
Schönau, anth.	24	25	225	235
Stein	17	17	170	160
Thierfeld	97	102	717	750
Bielau, anth.	107	109	1192	1335
Wildbach	76	77	596	602
Zschocken, auth.	46	47	410	391
Sa.	1351	1390	13919	14685

Ger.-Amt Hohenstein-Ernstthal.

Ernstthal	286	286	3717	3768
Hohenstein	443	448	5526	5604
Gersdorf	251	254	2629	2715
Hermsdorf	121	122	1126	1144
Langenberg	112	115	783	808
Meinsdorf	38	39	239	255
Oberlungwitz	385	386	4550	4622
Sa.	1636	1650	18570	18916

Ger.-Amt Lichtenstein.

Callnberg	211	212	2765	2768
Lichtenstein	409	421	4513	4548
Bernsdorf	158	158	1279	1306
Hohndorf	80	82	706	723
Jübenhain	53	53	341	348
Kuhschnappel	63	62	445	471
Mülsen St. Jacob	316	348	4470	4402
Mülsen St. Michael	128	130	1529	1521
Neudörfel bei Ortmannsdorf, anth.	52	52	530	549
Röhlitz	119	120	1132	1208
Rüsdorf	50	50	405	395
Stangendorf	72	74	570	640
Sa.	1711	1762	18685	18879

Ger.-Amt Lötznitz.

Lötznitz	624	631	5425	5507
Alberoda	79	79	621	639
Grüna	12	12	68	74
Lenkersdorf, anth.	14	14	117	108
Niederaffalter	61	62	505	506
Niederlöfznitz	11	12	123	130
Niederpfannenstiel Blaufarbenwerk	4	4	52	52
Oberaffalter	62	62	479	521
Oberpfannenstiel	53	53	566	577
Streitwald	39	39	364	380
Sa.	959	968	8320	8494

Ger.-Amt Meerane.

Meerane	1259	1349	15714	16904
Cauritz, sächs. Anth.	9	6	52	38
Crotenlaide	39	39	306	304
Dennheritz, anth.	102	104	776	773
Tittrich	12	12	81	77
Götzenthal	6	6	41	46
Oberschindmaas	59	64	502	513
Pfaffroda	20	20	158	151
Schönberg	41	41	300	300
Seiferitz, anth.	32	32	246	277
Waldsachsen anth.	19	19	100	118
Sa.	1598	1692	18276	19501

Ger.-Amt Waldenburg

Waldenburg	287	289	3026	2877
Altstadt Waldenburg	174	171	1427	1386
Altwaldenburg	93	93	811	782
Bräunsdorf anth.	120	124	871	935
Callenberg	165	170	1337	1385

Regierungs-Bezirk Zwickau. (Fortsetzung.)
V. Schönburg'sche Recesherrschaften. (Fortsetzung.)

G.-A. Waldenburg. (Fortsetzung.)

Ortsnamen.	Zahl der bewohnten Hausgrundstücke 1864.	1867.	Bewohner 1864.	1867.
Dürrenuhlsdorf	32	33	190	197
Eichlaide	27	27	209	218
Falken	92	94	707	745
Franken, anth.	12	12	78	78
Grünfeld	3	3	22	15
Grumbach	63	65	471	497

G.-A. Waldenburg. (Fortsetzung.)

Ortsnamen.	1864.	1867.	1864.	1867.
Langenchursdorf	247	253	1730	1761
Niederwinkel	46	48	328	354
Oberwiera, anth.	74	74	473	438
Schwaben, anth.	44	44	299	285
Sa.	1479	1500	11982	11953

Regierungs-Bezirk Budissin.
I. Amtshauptmannschaft Budissin.

Ger.-Amt Bischofswerda.

Ortsnamen	1864	1867	1864	1867
Bischofswerda	382	393	3647	4102
Belmsdorf	42	43	250	258
Birkenrode	16	18	73	86
Burkau	300	302	1650	1714
Cannewitz	12	12	91	88
Carlsdorf	19	19	78	79
Demitz	47	48	320	344
Frankenthal	215	218	1263	1315
Geismannsdorf	69	69	364	367
Goldbach	73	73	476	512
Großhähnchen, M. S.	18	18	122	118
Großhähnchen, L. S.	19	19	99	97
Harthau	136	138	778	759
Kynitzsch	7	7	41	43
Leitwitz	18	18	111	105
Medewitz	29	28	140	124
Neuschmölln	12	12	80	76
Niederneukirch	359	362	2113	2169
Niederputzkau	104	102	623	609
Oberneukirch, M. S.	102	103	611	612

G.-A. Bischofswerda. (Fortsetzung.)

Ortsnamen	1864	1867	1864	1867
Oberneukirch, O. S.	251	264	1710	1808
Oberputzkau	188	190	1029	1037
Pannewitz	22	22	112	123
Pickau	9	8	57	50
Pohla	31	32	196	192
Potschappliz	19	20	103	110
Rammenau	206	209	1181	1322
Ringenhain, M. S.	63	63	117	410
Ringenhain, O. S.	57	59	403	430
Röderbrunn	11	11	82	78
Rothnausliz	38	40	211	220
Schansdorf	21	21	99	108
Schmölln	112	113	662	689
Schönbrunn, M. S.	12	12	65	61
Schönbrunn, O. S.	76	78	423	412
Spittwitz	48	49	298	287
Stacha	53	55	276	276
Taschendorf	20	21	89	91
Thumitz	30	28	147	152

Regierungs-Bezirk Budissin. (Fortsetzung.)
I. Amtshauptmannschaft Budissin. (Fortsetzung.)

Ortsnamen.	Zahl der bewohnten Hausgrundstücke 1864.	1867.	Bewohner 1864.	1867.	Ortsnamen.	Zahl der bewohnten Hausgrundstücke 1864.	1867.	Bewohner 1864.	1867.
G.-A. Bischofswerda. (Fortsetzung.)					**G.-A. Budissin. (Fortsetzung.)**				
Tröbigau	50	52	280	268	Coffern	29	29	145	141
Uhyst am Taucher	51	52	278	279	Dahlowitz	14	14	110	119
Vogelgesang	2	2	9	8	Dahren	11	11	64	59
Weickersdorf	46	44	294	272	Daranitz	6	6	43	41
Wöllau, Meißn.					Dentwitz	1	1	13	16
Seits	9	10	69	67	Diehmen	53	51	248	244
Wöllau, Oberl.					Doberschau	32	33	233	214
Seits	8	7	36	23	Oberschütz	27	27	174	159
Wöllau, Rothnaußlitz. Anth.	5	5	22	21	Dobranitz	10	10	75	72
					Döberkitz	5	5	35	43
Sa.	3417	3469	21478	22371	Döbschke	7	6	49	47
					Döhlen	17	17	82	89
					Trauschkowitz	8	8	62	57
Ger.-Amt Budissin.					Treitzelschham	18	18	108	98
					Tretschen	33	33	147	140
Budissin	821	827	12485	12591	Ebendörfel	36	36	222	221
Arnsdorf	48	47	253	255	Gaußig	70	71	381	412
Auritz	9	10	78	85	Geißlitz	36	35	171	170
Basankwitz	7	7	45	42	Gleina	46	45	238	222
Baschütz	50	49	238	233	Gnaschwitz	41	44	283	283
Binnewitz	21	21	131	135	Göbeln	24	25	113	116
Bloaschütz	18	18	107	106	Göda	85	85	558	528
Bolsa	23	22	141	128	Golenz	34	34	180	187
Boblitz	15	17	95	102	Großdöbschütz	39	40	197	224
Bolbritz	22	20	122	130	Großdubrau	29	31	181	201
Bornitz	22	21	106	113	Großkunjw	12	12	61	62
Brehmen	27	27	155	145	Großseitschen	34	38	212	201
Briesing	39	37	193	204	Großwelka	41	41	235	239
Brösa	44	43	244	231	Grubditz	18	18	106	110
Brösang	20	20	101	100	Grubschütz	23	23	124	124
Brohna	19	20	104	86	Günthersdorf	24	22	111	106
Burkau	20	19	113	105	Guttau	58	57	376	366
Burk	14	14	136	138	Halbendorf	21	18	110	99
Camina	28	28	183	188	Jannowitz	8	9	70	64
Canitz-Christina	18	18	146	162	Jenkwitz	43	42	221	234
Coblenz	12	12	81	84	Jeschütz	7	7	58	58
Cölln	55	55	300	289	Jetscheba	31	31	174	166
Colonie-Kleinwelka	37	37	522	550	Katschwitz	10	10	51	53
					Kauppa	19	17	113	108
Commerau	37	36	193	187	Kleinbautzen	41	40	244	241

Regierungs-Bezirk Budissin. (Fortsetzung.)

I. Amtshauptmannschaft Budissin. (Fortsetzung.)

Ortsnamen.	Zahl der bewohnten Hausgrundstücke 1864.	1867.	Bewohner 1864.	1867.	Ortsnamen.	Zahl der bewohnten Hausgrundstücke 1864.	1867.	Bewohner 1864.	1867.
(G.=A. Budissin.) (Fortsetzung.)					**(G.=A. Budissin.) (Fortsetzung.)**				
Kleinboblitz . .	7	7	42	28	Niedergurig . .	57	56	117	412
Kleinböbschütz .	40	40	183	213	Niederkaina . .	33	33	217	214
Kleindubrau . .	9	9	45	49	Niederuhna . .	11	10	82	76
Kleinförstchen .	17	18	130	153	Nimschitz . . .	23	24	130	140
Kleingaußig . .	18	18	85	88	Oberförstchen .	25	26	117	160
Kleinpraga . .	6	6	52	43	Obergurig . .	50	51	272	276
Kleinseidau . .	19	19	101	104	Oberkaina . .	9	9	74	89
Kleinseitschen .	18	17	99	109	Oberuhna . .	16	17	115	110
Kleinwelka . .	18	19	110	112	Oehna	18	18	105	111
Klix	58	60	102	404	Paßditz	8	8	65	63
Krechwitz . . .	38	38	257	245	Pielitz . . .	21	22	113	114
Kronförstchen .	19	20	116	122	Pietzschwitz . .	27	28	130	125
Kubschütz . . .	36	36	228	216	Pließkowitz . .	40	40	253	251
Kumschütz . . .	15	15	110	104	Pommritz . . .	27	26	225	181
Lehn	13	12	51	75	Preititz . . .	39	38	219	251
Leichnam . . .	41	42	228	220	Preske, Meißn.				
Liebon	2	2	22	26	Seits . . .	5	5	28	29
Litten	12	12	81	84	Preske, Oberl.				
Lömischau . . .	21	20	112	114	Seits . . .	11	11	55	60
Löschau	8	9	42	43	Preuschwitz . .	4	4	39	49
Lubachau . . .	19	20	94	93	Prischwitz . .	14	14	115	107
Luttowitz . . .	18	18	102	99	Purschwitz . . .	81	79	488	453
Malschwitz . .	103	103	679	665	Puscheritz . .	4	4	31	24
Malsitz	21	20	120	125	Quatitz	41	44	318	320
Mehltheuer . .	8	8	38	52	Rabitz	10	10	57	55
Merta	23	23	166	152	Rachlau	44	44	240	224
Meschwitz . .	46	46	249	255	Radibor . . .	105	104	613	589
Mönchswalde, M. S. . . .	16	16	81	103	Rascha	25	26	146	248
Mönchswalde, O. S. . . .	6	7	33	35	Rattwitz	13	13	82	90
					Rieschen	8	8	61	59
Muschelwitz . .	14	15	102	99	Ruhethal . . .	7	7	32	31
Nadelwitz . . .	13	13	91	84	Särchen . . .	30	31	157	169
Naundorf . . .	57	58	299	329	Salga	18	18	105	106
Nebaschütz . .	31	34	169	203	Salzenforst . .	36	36	199	194
Neubloaschütz .	6	6	38	27	Scheckwitz . .	10	10	80	76
Neudiehmen . .	12	12	55	52	Schlungwitz . .	11	11	87	80
Neudörfel, Guttauer Anth.	5	5	29	34	Schmochtitz . .	21	22	116	121
					Schwarznaußlitz	43	43	217	221
					Soier	41	40	221	223
Neudorf	32	35	170	168	Seidau	250	252	2332	2305

Orlsnamen.	bewohnten Hausgrundftücke 1864.	bewohnten Hausgrundftücke 1867.	Bewohner 1864.	Bewohner 1867.	Orlsnamen.	bewohnten Hausgrundftücke 1864.	bewohnten Hausgrundftücke 1867.	Bewohner 1864.	Bewohner 1867.
\multicolumn{10}{c}{**Regierungs-Bezirk Budiſſin.** (Fortſetzung.)}
\multicolumn{10}{c}{I. **Amtshauptmannſchaft Budiſſin.** (Fortſetzung.)}
\multicolumn{5}{c}{G.-A. **Budiſſin.** (Fortſetzung.)}	\multicolumn{5}{c}{G.-A. **Kamenz.** (Fortſetzung.)}
Semmichau	24	24	132	143	Cannewitz	13	13	76	76
Siebitz	20	21	110	101	Caſeritz	12	11	66	69
Singwitz	26	26	164	166	Croſtwitz	82	83	477	471
Soculahora	14	14	75	68	Cunnersdorf	53	53	263	268
Sollſchwitz	22	22	129	119	Cunnewitz	33	33	216	200
Soritz	25	24	124	115	Teutſchbaſelitz	48	48	278	288
Steindörfel	32	31	183	185	Tobrig	13	13	69	73
Stiebitz	9	9	76	85	Tobra	33	34	185	190
Storcha	12	10	86	74	Treihäuſer	3	3	11	11
Strehla	11	11	76	81	Türrwicknitz	13	11	72	59
Strohſchütz	3	3	27	24	Gelenau	57	57	315	317
Techritz	19	19	103	107	Geresdorf	173	175	968	962
Teichnitz	28	28	156	163	Glaubnitz	11	11	78	70
Temritz	15	14	90	87	Gödlau	21	21	98	108
Wabitz	18	18	124	124	Gränze	10	10	55	49
Wawitz	20	20	114	119	Grotzgrabe	58	59	348	328
Weißig	7	7	36	36	Grünberg	19	19	88	87
Weißnaußlitz	20	20	136	140	Häslich	49	52	296	312
Wuiſchke	50	51	251	275	Hausdorf	27	29	174	186
Zieſchütz	7	7	49	45	Hennersdorf	29	29	145	156
Ziſchlowitz	13	13	89	83	Höſlein	27	27	166	151
Zockau	23	23	151	144	Horka	42	43	209	204
Zſcharnitz	5	5	52	52	Jauer	20	19	108	101
Zſchillichau	20	21	120	110	Jeſau	36	35	222	227
Sa.	5057	5066	38729	38917	Jiedlitz	23	24	148	142
					Kaſchwitz	17	17	85	89
\multicolumn{5}{l}{Ger.-Amt **Kamenz.**}	Kindiſch	50	50	252	262
					Kleinbähnchen	11	11	69	59
					Kopſchien	3	3	34	34
Elſtra	232	235	1254	1255	Kriepitz	24	26	147	137
Kamenz	591	594	5218	5916	Kukau	71	71	360	328
Alte Ziegelſcheune	14	14	51	50	Laßke	16	16	79	79
Auſchkowitz	10	10	71	74	Lehndorf	14	13	77	84
Bernbruch	47	46	265	254	Liebenau	21	21	119	110
Biehla	48	49	279	281	Lieske	42	42	218	208
Biſchheim	125	128	774	773	Lückersdorf	80	81	361	380
Boda	6	7	41	46	Marienſtern	1	1	117	114
Boderitz	9	9	44	48	Milſtrich	52	51	289	289
Brauna	44	44	276	269	Miltitz	26	24	161	132
Pulleritz	51	51	264	280	Möhrsdorf	51	52	242	257

Regierungs-Bezirk Budissin. (Fortsetzung.)
I. Amtshauptmannschaft Budissin. (Fortsetzung.)

G.-A. Kamenz. (Fortsetzung.)

Ortsnamen.	Zahl der bewohnten Hausgrundstücke 1864.	1867.	Bewohner 1864.	1867.	Ortsnamen.	Zahl der bewohnten Hausgrundstücke 1864.	1867.	Bewohner 1864.	1867.
Nauslitz	22	22	129	122	Nella	11	11	50	51
Nebelschütz	39	39	270	275	Wendischbaselitz	37	38	193	192
Nerabitz	14	14	55	56	Wiesa	103	107	588	586
Neudörfel	34	34	161	165	Wohla	1	2	28	33
Neuhof	20	19	106	95	Zerna	31	31	128	120
Neuschmerlitz	5	5	23	20	Zschornau	38	39	243	226
Neustädtel	3	4	24	25	Sa.	3897	3929	23860	24480
Ruckniz	7	7	79	78					
Ossel	12	12	59	62					
Oßling	59	61	381	421	**Ger.-Amt Königsbrück.**				
Ostro	47	47	276	280					
Panschwitz	28	27	149	150	Königsbrück	238	240	1946	2201
Petershain	15	14	69	65	Bohra	21	22	121	120
Piskowitz	42	41	232	225	Cosel	41	41	276	269
Prautitz	10	10	68	56	Glauschnitz	8	7	47	35
Prietitz	75	75	393	414	Gottschdorf	47	47	256	270
Räckelwitz	72	72	330	303	Gräfenhain	50	50	312	302
Ralbitz	42	43	262	247	Grüngräbchen	53	53	305	324
Rauschwitz	50	51	297	315	Höckendorf	85	85	458	445
Rehnsdorf	8	9	46	51	Koitzsch	29	29	160	156
Rohrbach	7	7	33	35	Kralau	77	78	471	465
Rosenthal	28	27	157	132	Laußnitz	96	94	567	558
Säuritz	25	24	139	140	Lüttichau	22	22	139	140
Schiedel	22	22	149	147	Neukirch	65	65	353	358
Schmeckwitz	32	33	153	171	Otterschütz	34	34	211	208
Schmerlitz	28	28	125	122	Quosdorf	9	9	63	61
Schönau	52	53	272	265	Reichenau	57	57	316	324
Schönbach	34	34	184	187	Reichenbach	96	96	543	557
Schweinerden	22	22	121	115	Röhrsdorf	28	28	176	177
Schwoosdorf	35	35	210	203	Rohna	57	57	321	348
Siebitz	8	8	64	67	Schmorkau	80	83	462	498
Skaska	29	30	196	194	Schwepnitz	51	53	321	382
Sommerluga	3	3	10	12	Sella	22	21	110	112
Spittel	28	28	207	196	Steinborn	40	39	206	209
Straßgräbchen	61	62	368	376	Stenz	29	29	151	154
Talpenberg	10	10	60	60	Weißbach	31	31	186	187
Teichen	9	9	39	51	Zeißholz	34	34	212	224
Trado	17	19	107	113	Zietsch	20	20	121	120
Tschaschwitz	11	11	74	67	Zochau	23	23	136	144
Weißig	51	52	275	281	Sa.	1443	1447	8946	9348

Regierungs-Bezirk Budissin. (Fortsetzung.)

I. Amtshauptmannschaft Budissin. (Fortsetzung.)

Ortsnamen.	Zahl der bewohnten Hausgrundstücke 1864.	1867.	Bewohner 1864.	1867.	Ortsnamen.	Zahl der bewohnten Hausgrundstücke 1864.	1867.	Bewohner 1864.	1867.
Ger.-Amt Königswartha.					**G.-A. Königswartha.** (Fortsetzung.)				
Boda	1	1	2	2	Quoos	34	34	179	168
Caminau	31	31	174	187	Saritsch	27	28	128	140
Caßlau	21	21	105	107	Teicha	17	17	118	100
Commerau	60	60	393	401	Truppen	21	21	116	116
Crosta	20	19	103	100	Uebigau	16	16	95	92
Doberschütz	28	30	119	137	Weidlitz	11	10	61	57
Droben	21	21	134	133	Wessel	28	29	171	178
Eutrich	27	26	143	133	Wetro	16	16	87	85
Großbrösern	11	11	57	57	Zescha	54	53	323	298
Guhra	23	23	110	111	Sa.	1360	1345	7493	7417
Holscha	22	22	115	116					
Holschdubrau	20	18	103	91					
Jeßnitz	59	58	281	298	**Ger.-Amt Neusalza.**				
Johnsdorf	19	20	69	70	Neusalza	141	141	1129	1058
Kleinbrösern	4	4	14	15	Beiersdorf	244	247	1457	1493
Königswartha	160	160	935	962	Cunewalde	169	173	1028	1071
Krinitz	13	13	66	63	Dürrhennersdorf	174	177	1060	1061
Lauske	20	20	101	99	Halbau	13	13	81	78
Lippitsch	44	43	247	247	Köblitz	37	37	189	202
Lissahora	4	4	19	21	Lindenberg	55	58	376	406
Loga	30	29	182	180	Mittelcunewalde	140	141	893	931
Lomske b. Wittel	28	28	132	135	Mittelfriedersdorf	42	42	314	316
Lomske bei Neschwitz	9	9	40	39	Neudorf	25	25	132	132
Luga	66	66	380	378	Neudorf-Schönbach	48	48	255	258
Luppa	25	25	151	146	Neufriedersdorf	17	17	105	104
Luppe-Tubrau	14	14	67	66	Neuoppach	79	79	424	427
Wittel	51	51	346	352	Neuschönberg	66	68	408	429
Willwitz	12	11	77	77	Neupremberg	11	11	57	56
Neschwitz	73	73	504	462	Niedercunewalde	172	173	1211	1242
Neudorf bei Königsw.	16	16	86	92	Niederfriedersdorf	125	130	914	917
Neudorf bei Neschwitz	34	33	174	155	Niederoppach	179	182	1108	1200
Neulauske	16	16	90	87	Obercunewalde	162	164	1176	1159
Neupuschwitz	16	17	66	67	Oberfriedersdorf	150	150	933	969
Niesendorf	13	13	61	54	Oberoppach	72	72	410	411
Oppitz	64	63	308	286	Picka	13	14	104	131
Pannewitz	19	18	116	113	Schönbach	272	272	1595	1614
Puschwitz	33	34	145	144					

Ortsnamen.	Zahl der bewohnten Hausgrundstücke 1864.	1867.	Bewohner 1864.	1867.	Ortsnamen.	Zahl der bewohnten Hausgrundstücke 1864.	1867.	Bewohner 1864.	1867.

Regierungs-Bezirk Budissin. (Fortsetzung.)

I. Amtshauptmannschaft Budissin. (Fortsetzung.)

Ortsnamen	1864	1867	1864	1867	Ortsnamen	1864	1867	1864	1867
G.-A. Neusalza. (Fortsetzung.)					*Ger.-Amt Schirgiswalde.*				
Schönberg	67	68	382	420	Schirgiswalde	285	295	2313	2332
Sonnenberg	9	9	52	48	Altscheidenbach	15	15	108	112
Spremberg	218	223	1508	1544	Bederwitz	24	25	123	118
Taubenheim	317	327	2036	2118	Berge	16	17	73	98
Weigsdorf	61	61	414	427	Callenberg	94	93	632	707
Worbis	39	39	228	236	Carlsberg	24	24	123	128
Sa.	3117	3161	19979	20458	Carlsruhe	8	8	46	41
					Cosel	32	32	160	161
Ger.-Amt Pulsnitz.					Crostau	99	98	614	612
Pulsnitz	294	306	2489	2711	Ellersdorf	51	52	343	376
Böhm.-Vollung	34	37	209	229	Eulowitz	39	39	177	205
Brettnig	233	248	1827	1948	Hainitz	19	21	123	149
Friedersdorf, M. S.	25	26	169	164	Halbendorf	29	29	164	155
Friedersdorf, O. S.	48	48	256	239	Irgersdorf	26	25	114	113
Großnaundorf	107	106	657	640	Kirschau	70	70	433	437
Großröhrsdorf	376	399	3762	4012	Kleinkunitz	4	4	27	31
Hauswalde	181	184	1228	1273	Kleinpostwitz	19	19	93	101
Kleinbittmannsdorf	41	42	264	278	Mittelsohland	155	160	1077	1127
Lichtenberg	164	169	1091	1123	Neuschirgiswalde	32	33	202	232
Mittelbach	27	27	179	173	Neusorge	16	16	98	112
Niederlichtenau	42	45	239	244	Niedersohland	89	90	632	663
Niedersteina	95	95	588	601	Obersohland	224	231	1520	1557
Oberlichtenau, M. u. O. S.	159	162	910	934	Petersbach	14	14	85	92
Obersteina	139	143	890	910	Postwitz	59	60	350	402
Thorn, M. u. O. S.	257	263	1664	1743	Rodewitz	58	60	315	321
Pulsnitz, M. S.	107	105	770	763	Sora	10	10	55	59
Weißbach	39	39	215	211	Steinigtwolmsdorf	303	304	1962	2021
Sa.	2368	2444	17427	18196	Suppo	4	4	26	31
					Tautewalde	55	57	304	325
					Wehrsdorf	266	272	2024	2086
					Weifa	151	156	917	974
					Wendischsohland	95	97	624	617
					Wilthen	247	249	1608	1674
					Sa.	2632	2679	17465	18169

Ortsnamen.	Zahl der bewohnten Hausgrundstücke		Bewohner		Ortsnamen.	Zahl der bewohnten Hausgrundstücke		Bewohner	
	1864.	1867.	1864.	1867.		1864.	1867.	1864.	1867.

Regierungs-Bezirk Budissin. (Fortsetzung.)

II. Amtshauptmannschaft Löbau.

Ger.-Amt Bernstadt.

					Ger.-Amt Herrnhut.				
Bernstadt .	280	281	1701	1714	Berthelsdorf .	297	295	1895	1863
Altbernsdorf .	129	128	775	770	Euldorf	14	14	73	70
Berzdorf . .	59	57	376	375	Friedensthal .	12	12	78	70
Cunnersdorf .	135	135	731	739	Großhennersdorf	260	259	1462	1443
Tittersbach . .	193	192	1021	979	Herrnhut . . .	102	100	1004	1000
Kemnitz	251	250	1329	1330	Heuscheune . .	9	9	41	43
Kiesdorf . . .	116	115	614	630	Neuberthelsdorf	14	14	89	75
Neundorf . . .	87	88	404	429	Niederrennersdorf	94	95	562	552
Schönau . . .	220	218	1298	1340	Niederruppersdorf	177	178	1116	1149
Sa.	1470	1464	8249	8306	Niederstrahwalde	99	99	634	672
					Oberoderwitz .	511	519	3607	3650

Ger.-Amt Ebersbach.

					Oberrennersdorf	95	95	475	463
Alteibau	649	646	4680	4768	Oberruppersdorf	139	138	980	965
Altgersdorf . .	175	176	1742	1738	Oberstrahwalde	86	85	467	471
Ebersbach . .	578	564	3842	3754	Schönbrunn .	14	14	57	56
Neuebersbach .	381	396	2703	2891	Sa.	1926	1926	12570	12547
Neueibau . . .	113	115	869	890					
Neugersdorf . .	344	348	3215	3295					
Walddorf . . .	186	186	1307	1339					
Sa.	2426	2431	18358	18675					

Ger.-Amt Großschönau.

					Ger.-Amt Löbau.				
					Löbau	380	380	5022	5721
					Altlöbau . . .	112	114	703	777
					Belgig	25	26	187	183
					Bischdorf . . .	117	119	699	701
Großschönau .	574	574	4958	4933	Breitendorf . .	47	46	287	264
Herrenwalde .	36	36	194	187	Carlsbrunn . .	43	43	273	251
Josephsdorf . .	47	48	317	353	Cunnewitz . .	22	22	122	114
Mittelleutersdorf	53	53	464	484	Dolgowitz . . .	13	13	105	110
Neuleutersdorf	59	60	454	457	Ebersdorf . . .	181	180	1187	1195
Neuschönau . .	79	79	649	644	Eiserode . . .	18	18	132	136
Niederleutersdorf	119	119	951	958	Fritzlau	2	2	25	22
Oberleutersdorf I.	51	50	440	466	Georgewitz . .	35	35	213	244
Oberleutersdorf II. III. . .	54	53	449	451	Glossen . . .	31	30	301	294
Saalendorf . .	16	16	58	66	Grosswitz . . .	3	3	46	50
Seifhennersdorf	742	740	6169	6135	Großdehsa . .	99	98	517	518
Waltersdorf . .	318	316	1868	1839	Großschweidnitz	90	91	606	601
Sa.	2148	2144	16971	16973	Herwigsdorf . .	218	217	1229	1223
					Hochkirch . . .	79	79	518	517

Regierungs-Bezirk Budissin. (Fortsetzung.)
II. Amtshauptmannschaft Löbau. (Fortsetzung.)

Ortsnamen.	bewohnten Hausgrundstücke 1864.	1867.	Bewohner 1864.	1867.	Ortsnamen.	bewohnten Hausgrundstücke 1864.	1867.	Bewohner 1864.	1867.
G.-A. Löbau. (Fortsetzung.)					**G.-A. Löbau. (Fortsetzung.)**				
Jauernick	1	1	13	14	Wendischpauls-				
Kittlitz	98	100	601	646	dorf	38	38	220	203
Kleindehsa	55	55	350	326	Wohla	29	28	181	183
Kleinradmeritz	35	33	202	216	Zoblitz	32	31	273	283
Kleinschweidnitz	34	34	211	217	Zschorna	36	36	201	196
Körbigsdorf	9	8	69	51	Sa.	4093	4110	28220	28989
Kötschau	11	12	50	58					
Kohlwesa	35	35	221	215					
Kottmarsdorf	141	146	1010	988					
Ruppritz	34	33	197	196					
Lauba	202	202	1128	1129	**Ger.-Amt Ostritz.**				
Laucha	19	19	119	117					
Lautitz	35	34	244	222	Ostritz	257	259	1616	1571
Lawalde	152	153	806	880	Altstadt	72	73	389	395
Lehn	34	33	201	191	Blumberg	92	92	454	438
Mauschwitz	21	21	107	103	Burkersdorf	103	105	585	593
Mittelsohland a.					Grunau	94	93	431	406
R.	115	118	676	659	Joachimstein	1	1	46	43
Nechen	17	16	93	97	Klosterfreiheit	56	55	317	308
Niedercunners-					Königshain	276	275	1390	1354
dorf	322	321	2068	2086	Marienthal	1	1	134	153
Niederottenhain	45	46	265	261	Nieda, sächs. A.	5	5	26	27
Niedersohland	73	72	435	435	Niederleuba	56	55	293	279
Niethen	25	26	138	139	Oberleuba	42	43	218	211
Obercunnersdorf	439	439	3169	3168	Reutnitz	79	80	465	494
Oberottenhain	50	50	270	284	Rußdorf	125	127	674	655
Obersohland a. R.	112	113	572	567	Schlegel	131	133	907	898
Oehlisch	10	10	80	80	Schönfeld	122	122	511	514
Oelsa	62	62	364	330	Seitendorf	397	395	2123	2042
Oppeln	31	30	191	179	Trattlau	43	42	235	215
Peschen	5	5	35	37	Wansche	59	59	301	297
Plotzen	32	33	185	182	Sa.	2011	2015	11114	10893
Rodewitz	38	36	201	217					
Rosenhain	46	47	260	265					
Sornßig	30	30	149	155	**Ger.-Amt Reichenau.**				
Streitfeld	13	14	63	75					
Unwürde	26	27	234	218	Dornhenners-				
Wendischcun-					dorf	127	123	747	695
nersdorf	36	37	193	200	Friedersdorf	115	118	631	673

Regierungs-Bezirk Budissin. (Fortsetzung.)
II. Amtshauptmannschaft Löbau. (Fortsetzung.)

Ortsnamen.	bewohnten Hausgrundstücke 1864.	1867.	Bewohner 1864.	1867.	Ortsnamen.	bewohnten Hausgrundstücke 1864.	1867.	Bewohner 1864.	1867.
G.-A. Reichenau. (Fortsetzung.)					**G.-A. Weißenberg. (Fortsetzung.)**				
Friebreich	28	28	167	153	Maltitz	64	64	369	369
Gießmannsdorf	76	78	445	431	Nechern	31	34	199	209
Lichtenberg	138	138	799	748	Neudörfel, Ba-				
Markersdorf	157	159	987	960	ruth. Anth.	7	7	55	46
Niasdorf	32	32	182	178	Nostitz	16	15	110	110
Mittelweigsdorf	132	132	811	779	Rackel	60	60	328	315
Neugersdorf	34	35	180	188	Särka	29	30	185	204
Oberweigsdorf	122	122	758	726	Spittel	29	30	172	173
Oppelsdorf	38	36	191	180	Transchwitz	23	23	131	140
Reibersdorf	157	155	1039	961	Wartha	40	40	206	237
Reichenau, kläst. Anth.	607	610	4352	4187	Weicha	30	29	189	187
Reichenau, Zitt. Anth.	34	35	226	236	Wuischke	11	11	82	85
Sommerau	47	45	225	202	Wurschen	29	29	216	220
Türchau	161	164	860	895	**Sa.**	1145	1143	6810	6845
Walb	80	82	400	405					
Zittel	19	19	100	105	**Ger.-Amt Zittau.**				
Sa.	2104	2114	13100	12702	Zittau	1094	1142	14290	15628
					Althörnitz	137	139	863	853
					Altjohnsdorf	122	122	716	679
Ger.-Amt Weißenberg.					Bertsdorf	358	359	2086	2042
					Tittelsdorf	256	255	1645	1645
Weißenberg	218	215	1205	1191	Traufendorf	34	34	208	209
Baruth	80	81	623	531	Eckartsberg	90	91	585	588
Belgern	21	21	148	142	Eichgraben	46	47	234	220
Briesnitz	18	17	105	86	Großporitsch	26	26	159	154
Buchwalde	44	44	307	309	Hain	27	27	134	140
Cannewitz	24	24	136	141	Hainewalde	344	340	2678	2732
Cortnitz	25	25	160	158	Harthau	105	106	729	728
Trebsa	52	52	318	338	Hirschfelde	280	284	2060	2010
Tubraute	43	43	226	243	Kleinporitsch	3	2	22	15
Grödit	62	62	364	362	Kleinschönau	75	73	390	384
Grube	12	12	68	66	Lückendorf	119	116	612	615
Kleinsaubernitz	31	33	218	224	Luptin	2	3	19	29
Kotitz	69	68	376	332	Mittelherwigs-				
Krappe	22	22	120	130	dorf	273	274	1660	1640
Lauske	52	52	294	297	Mitteloderwitz	112	122	758	852

Ortsnamen.	Zahl der bewohnten Hausgrundstücke		Bewohner		Ortsnamen.	Zahl der bewohnten Hausgrundstücke		Bewohner	
	1864.	1867.	1864.	1867.		1864.	1867.	1864.	1867.

Regierungs-Bezirk Budissin. (Fortsetzung.)

II. Amtshauptmannschaft Löbau. (Fortsetzung.)

G.-A. Zittau. (Fortsetzung.)					G.-A. Zittau. (Fortsetzung.)				
Neuhörnitz	64	64	380	360	Radgendorf	35	37	206	199
Neujohnsdorf	164	165	886	893	Rohnau	81	82	587	579
Niederoderwitz	382	381	2761	2723	Rosenthal	80	80	643	619
Oberherwigsdorf	129	129	690	732	Scharre	14	16	87	93
Oberseifersdorf	271	272	1623	1596	Spitzcunnersdorf	299	302	2448	2433
Oberullersdorf	159	161	890	855	Wittgendorf	194	198	1185	1170
Olbersdorf	425	425	2905	2922	Sa.	5969	6044	46117	47268
Oybin	147	148	789	738					
Pethau	22	22	189	193					

Berichtigung. Stadt Löbnitz (S. 48) zählte im Jahre 1867 nicht 5507, sondern 5477 Einwohner, wodurch sich die Einwohnerzahl des gleichnamen Gerichtsamtes von 8494 auf 8464 erniedrigt.

Geschlossen den 20. April 1868.